U0554007

普及类国家古籍整理图书专项资助项目

中华传统价值观丛书

韩经太 陈亮 编注

天人合一

图书在版编目(CIP)数据

天人合一/韩经太,陈亮编注.—北京:人民文学出版社,2018
(中华传统价值观丛书)
ISBN 978-7-02-013707-7

Ⅰ.①天… Ⅱ.①韩…②陈… Ⅲ.①社会主义建设—价值论—中国—通俗读物 Ⅳ.①D616-49

中国版本图书馆 CIP 数据核字(2018)第 013666 号

责任编辑	董岑仕　李　俊
装帧设计	黄云香
责任印制	徐　冉

出版发行	人民文学出版社
社　　址	北京市朝内大街 166 号
邮政编码	100705
网　　址	http://www.rw-cn.com
印　　刷	三河市西华印务有限公司
经　　销	全国新华书店等
字　　数	217 千字
开　　本	880 毫米×1230 毫米　1/32
印　　张	9.75　插页 3
印　　数	1—5000
版　　次	2018 年 10 月北京第 1 版
印　　次	2018 年 10 月第 1 次印刷
书　　号	978-7-02-013707-7
定　　价	35.00 元

如有印装质量问题,请与本社图书销售中心调换。电话:010-65233595

目 录

前言 ·· 1

道 法 自 然

天地合德 ··· 《周易》3
变通得久 ··· 《周易》4
大同 ·· 《礼记》8
礼行乐兴 ··· 《礼记》10
奉三无私 ··· 《礼记》11
万物并育而不相害 ·· 《礼记》13
里革断罟匡君 ·· 《国语》15
钓而不纲,弋不射宿 ·· 《论语》18
君子有三畏 ··· 《论语》19
天何言哉 ··· 《论语》20
不违农时 ··· 《孟子》21
群道当则万物皆得其宜 ·· 《荀子》23
天行有常 ··· 《荀子》25
天长地久 ··· 《老子》29
道法自然 ··· 《老子》30
道常无名 ··· 《老子》32
三生万物 ··· 《老子》33

道生德蓄	《老子》	34
庖丁解牛	《庄子》	35
不材之木	《庄子》	38
浑沌之死	《庄子》	41
轮扁斫轮	《庄子》	42
省官	《管子》	44
贵信(节选)	《吕氏春秋》	47
奉天法古	董仲舒	48
原道(节选)	刘 勰	50
物色(节选)	刘 勰	53
天论(上)	刘禹锡	57
天论(中)	刘禹锡	62
天论(下)	刘禹锡	68
外师造化,中得心源	张 璪	71
君子爱夫山水	郭 熙	72
身即山川以画山水	郭 熙	74
天生万物各得其所	吕祖谦	75
天大无外	吕祖谦	76
三见山水	青原惟信	78
墨竹赋	苏 辙	79
天人异形,所继惟道	王夫之	82
依天立命,天人一理	王夫之	84
混沌里放出光明	石 涛	85
以万物为师	邹一桂	87
题画文·竹(其二)	郑 燮	88
造境与写境	王国维	89
有我之境与无我之境	王国维	90

出入宇宙人生 ·· 王国维 92

民 胞 物 与

泰誓(节选) ·· 《尚书》 95
万物与我为一 ··· 《庄子》 100
桑林祷雨 ··· 《吕氏春秋》 101
网开三面 ··· 《吕氏春秋》 103
过故人庄 ·· 孟浩然 105
醉翁亭记 ·· 欧阳修 106
丰乐亭记 ·· 欧阳修 109
西铭 ··· 张 载 112
明诚互致,天人合一 ·· 张 载 115
新城道中(其一) ·· 苏 轼 117
游山西村 ··· 陆 游 119
四时田园杂兴·夏日田园杂兴(选二) ···················· 范成大 121

尽 心 知 性

诚明 ·· 《礼记》 125
尽心知性 ·· 《孟子》 127
万物皆备于我 ··· 《孟子》 128
圣人有情而无累 ·· 《三国志》 129
秋日偶成二首(其二) ······································· 程 颢 131
天地自家心 ·· 《二程集》 132
仁者以天地万物为一体 ································· 《二程集》 133
乐道非颜子 ·· 《二程集》 135
观物以理 ··· 邵 雍 136
以物观物 ··· 邵 雍 137

3

书临皋亭	苏 轼	138
观书有感二首	朱 熹	140
致知在格物	朱 熹	142
天地以生物为心	《朱子语类》	144
太极与万物	《朱子语类》	147
天道在人	陆九渊	148
公理同心	陆九渊	149
人者天地之心	王守仁	150
天地万物与人原是一体	王守仁	152
人心是天渊	王守仁	154

山 水 媚 道

赠从弟(其二)	刘 桢	159
赠兄秀才入军诗(选二)	嵇 康	160
杂诗(其三)	张 协	163
敕勒歌	《乐府诗集》	165
兰亭集序	王羲之	166
石壁精舍还湖中作诗	谢灵运	170
土地人物之美	刘义庆	172
松柏之质,经霜弥茂	刘义庆	173
会心处不必在远	刘义庆	174
山川之美	刘义庆	175
山川使人应接不暇	刘义庆	176
答谢中书书	陶弘景	177
晚登三山还望京邑	谢 朓	178
与朱元思书	吴 均	180
江水注(节选)	郦道元	182

渡青草湖	阴铿	184
入若耶溪诗	王籍	186
和晋陵陆丞早春游望	杜审言	187
山行留客	张旭	189
次北固山下	王湾	190
宿建德江	孟浩然	192
终南望余雪	祖咏	193
汉江临泛	王维	195
终南山	王维	197
山居秋暝	王维	199
鸟鸣涧	王维	200
山中	王维	201
独生敬亭山	李白	202
望庐山瀑布(其二)	李白	203
后游	杜甫	204
望岳	杜甫	205
春夜喜雨	杜甫	207
滁州西涧	韦应物	209
早春呈水部张十八员外(其一)	韩愈	210
暮江吟	白居易	211
钱塘湖春行	白居易	212
江雪	柳宗元	213
始得西山宴游记	柳宗元	214
至小丘西小石潭记	柳宗元	217
鲁山山行	梅尧臣	219
淮中晚泊犊头	苏舜钦	220
江上五首(其二)	王安石	221

书湖阴先生壁(其一) …………………………… 王安石 222
惠崇春江晚景(其一) …………………………… 苏　轼 223
襄邑道中 ………………………………………… 陈与义 224
沁园春(叠嶂西驰) ……………………………… 辛弃疾 225
沉醉东风·秋景 ………………………………… 卢　挚 227
水仙子·咏江南 ………………………………… 张养浩 228
听蕉记 …………………………………………… 沈　周 229
记雪月之观 ……………………………………… 沈　周 231
海行杂感(其七) ………………………………… 黄遵宪 233

赏游登临

观沧海 …………………………………………… 曹　操 237
临高台 …………………………………………… 王　融 238
小园赋(节选) …………………………………… 庾　信 239
滕王阁序(节选) ………………………………… 王　勃 241
登幽州台歌 ……………………………………… 陈子昂 244
登鹳雀楼 ………………………………………… 王之涣 245
秋登宣城谢朓北楼 ……………………………… 李　白 246
醒心亭记 ………………………………………… 曾　巩 247
六月二十七日望湖楼醉书(其一) ……………… 苏　轼 250
定风波(莫听穿林打叶声) ……………………… 苏　轼 251
赤壁赋 …………………………………………… 苏　轼 253
记承天寺夜游 …………………………………… 苏　轼 257
六月十四日宿东林寺 …………………………… 陆　游 258
游园不值 ………………………………………… 叶绍翁 260
虎丘记(节选) …………………………………… 袁宏道 261
满井游记 ………………………………………… 袁宏道 264

湖心亭看雪 …………………………………… 张　岱 267
随园记 ………………………………………… 袁　枚 269

田 园 逸 趣

归田赋 ………………………………………… 张　衡 275
时运 …………………………………………… 陶渊明 278
归去来兮辞 …………………………………… 陶渊明 281
归园田居(选二) ……………………………… 陶渊明 284
饮酒(其五) …………………………………… 陶渊明 287
野望 …………………………………………… 王　绩 289
江村即事 ……………………………………… 司空曙 290
渔歌子(其一) ………………………………… 张志和 291
渔翁 …………………………………………… 柳宗元 292
村行 …………………………………………… 王禹偁 293
好事近·渔父词(其一) ……………………… 朱敦儒 294
小园(其一) …………………………………… 陆　游 295
西江月·夜行黄沙道中 ……………………… 辛弃疾 296

关键词 ………………………………………………… 297

前　言

　　当今时代,是一个中华优秀传统文化传承有序的时代。不再是旧邦维新,而已是新邦更新,国家富强,民族复兴,在经济繁荣的基础上,文化建设的各项议题相继提上日程。相信所有富于人文情怀的人,都会欣喜地发现,随着学界精英与社会大众之间越来越频繁的交流,一些学术命题已经深入人心,譬如"中庸之道"、"和合之美"、"礼法合一"等有关中华传统文化核心价值阐释的关键词和经典话语,已进入越来越多的有识之士的思维视野。其中,"天人合一"应该说是一个经久不衰的思想话题。

　　"天人合一"作为一个完整的思想命题,出自于北宋哲学家张载《正蒙·诚明》:"儒者因明致诚,因诚致明,故天人合一,致学可以成圣。"显而易见,这里的"天人合一",相通于周敦颐《通书·志学》所谓"士希贤,贤希圣,圣希天",都致力于阐述心性儒学视阈下的圣贤人格养成模式。此处所谓"天",含有"天理"、"天道"之意蕴。惟其如此,"天人合一"在这里就意味着人类良知发现过程中精神澄明境界的生成原理,换用通俗的语言来说,就是遵循自然天性的发生原理和发展规律来实现人为修养的人格理想。在这一过程中,自然与人为的高度契合关系,尽管属于人类精神现象,但同时又在主观世界内部分解出另一种意义上的主客观关系,也因为如此,由宋代心性哲学家提出的"天人合一"命题,看似毫不涉及人与自然的主客观关系,实际上却隐含着与此相通的思想原理。这一点,其实不难理解,中华文明史上的"宋型文化"时代,是一个哲学与科学同步发达的时代,理学家朱熹所强调的"格物致知",文艺家苏轼所强调的"技道两进",显然有着某种相通的性质,比如沈括的《梦溪笔谈》,在阐明"阳燧照物皆倒"这一科学现象时,同时就引申到"人亦如是,中间不为物碍者鲜矣。小则利害相易,是非相反;大则以己为物,以物为己"的心性哲学论题。总之,正因为"天人合一"的完整命题是由宋人提出来的,而宋人的学术风格和思想精神,分明具有哲学与科学彼此相通的特性,所以,"天人合一"完全可以在哲学思维和科学思维的双重意义上来理解和阐发。

不言而喻,这种足可双向阐发的"天人合一"说,具有总结思想史历史经验并提炼思想史之思想精神的特殊价值。站在这样一种"天人合一"说的思想高度上,回望诸子百家的"天人之学",透过各执一端的话语交织网络,人们自会发现,从《论语·阳货》记载孔子之言云:"天何言哉?四时行焉,百物生焉,天何言哉?"到《荀子·天论》指出:"天行有常,不以尧存,不以桀亡。应之以治则吉,应之以乱则凶。"未明言"天人合一"之语而隐含"天人合一"思想的核心价值观念,实际上可以分解为尊重客观自然规律和同样尊重社会发展规律的思想精神。正因为如此,当我们今天基于人与自然和谐相处的新理念来传承中华传统文化中的"天人合一"思想精神时,千万不能脱离其社会与自然交感一体的大历史语境,尤其要注意一个涵涉多元的核心问题,那就是人与自然和谐相处的思想观念,其本身就是一种人文情怀和社会理想。

由此,我们不禁想到《庄子·大宗师》中的一些精彩文字:

> 泉涸,鱼相与处于陆,相呴以湿,相濡以沫,不如相忘于江湖。
>
> 子桑户、孟子反、子琴张相与语曰:"孰能相与于无相与,相为于无相为?孰能登天游雾,挠挑无极;相忘以生,无所终穷?"……孔子曰:"彼,游方之外者也;而丘,游方之内者

也。"……孔子曰："鱼相造乎水，人相造乎道。相造乎水者，穿池而养给；相造乎道者，无事而生定。故曰：鱼相忘乎江湖，人相忘乎道术。"

《庄子》一书中，时常有孔儒师生的身影，只不过这里出现的孔子及其弟子，总会心悦诚服地申说道家庄子学派的思想观念就是了。在上引《大宗师》相关文字中，不仅有着"鱼水关系"的形象喻说，而且有着"相与于无相与，相为于无相为"这样的抽象命题，进一步，不仅有着"相忘于江湖"的"鱼水关系"式的终极判断，而且有着"人相忘乎道术"之人学思维的终极判断。如果说"相呴以湿，相濡以沫"的著名寓言，早已深入人心，缘乎此而提出的"相忘于江湖"的生命哲学底蕴和生态哲学意义，也有了不同层次的阐发，那么，由此再进一层所抵达的"人相忘乎道术"境界，尤其是《庄子》一书何以要把"江湖"与"道术"对应起来这样的问题，迄今未见真正鞭辟入里的思想分析和理论阐释。殊不知，中华传统文化核心价值体系中"人与自然"和谐一体的精彩思想，在这里恰恰得到了生动而且充分的呈现。至少，庄子学派已经自觉到，与其倡导危难困境中的生命救助，不如共同创造一个没有危难的世界，在这一特定的意义上，道德心的培养并不能从根本上解决问题，"海阔任鱼跃，天高任鸟飞"，自由的生命意态只能产生在充满无限可能的生态环境之中。岂止如此，按照"鱼"的生命原理而"穿池以养给"，分明是一种"人"的文明行为，人类因此而收获"改造自然"的成就感，因此而提炼出"自然的人化"的哲学命题，但是，当"人"处于和"鱼"一样的境地而期盼另有"造物者"来"穿池以养给"时，"造物者"真会及时出现吗？值此之际，《庄子》一书所提出的"相与于无相与，相为于无相为"，就显得意味深长而学理精深了。

于是，可以来讨论人与自然之关系的双重含义：其一是指人与大自然之间的相互关系，其二是指这种关系在何种程度上是

"自然"的。前者说的是"人与自然的关系",后者说的是"人与自然的自然关系"。参照中华先贤的哲思智慧和人文情怀,在这个问题上,从孔子慨叹"天何言哉!四时行焉,万物生焉,天何言哉"开始,就有一种人类自我反省的意识,而其所以反省的观念指引,则是"天"这一自然存在高于人类智慧的特定感悟,《老子》所谓"人法地,地法天,天法道,道法自然"的逐层推导,也在呈示着大体相同的价值追求,尽管老子之所思含有超越于"天"而无限追问的"道"学意味,而孔子感慨似乎止于对"天意"的尊崇,原始儒道两家的"天人之学",实质上都不是简单地在追求"人向客观自然的生成"。兴许,孔儒师生颠沛流离的游说生涯,使他们倍感"言"之无用,所以领悟到天地万物自然运行的无为的成功,就像历史上往往是仕途受挫者容易萌生退隐田园的念头一样,失意于此者倾心于彼,人与自然的关系,缘乎此而必然包含着丰富的社会历史内容。

一般来说,人们习惯于将道家老庄之学概括为"无为之道"。这其实是不精准的。于是需要换用《老子》"道常无为而无不为"的经典表述,至于对"无为而无不为"的进一步解释,就需要引用"相为于无相为"了。无论是就社会人际关系而言,还是就人与自然之关系而言,关系总是就其相互联系而言,"相呴以湿,相濡以沫"是为"相为","相忘于江湖"是为"无相为","相为"是有条件的,"无相为"也是有条件的,后一个条件看似是对前一个条件的否定式超越,实则是对它的正面改造,此即"穿池以养给"之谓也。基于如此这般的实践经验之旅,"相为于无相为"的意思,绝不是让"无相为"成为"相为"的本质,恰恰相反,倒是要让"相为"成为"无相为"的内在本质,再具体一点讲,就是要以"无相为"为最终目的来展开"相为"之实践。蕴藏在如是思想话题中的人文情怀和哲学理念,曾被中国思想史所反复阐释。譬如魏晋玄学语境下"应物而无累于物"的著名观点,又譬如宋学心性哲思语境下的

"以物观物"的经典命题,等等。

基于以上认识,可以进入李白诗意世界。

李白《独坐敬亭山》诗云:"众鸟高飞尽,孤云独去闲。相看两不厌,只有敬亭山。"此诗意境高远,情韵悠长,尤其是在"人与自然"的诗意关系这一点上,表现出"天人合一"的特殊旨趣,可惜历来的赏析文字未及充分阐发。

诗题中的"独坐"一旦展开为整体诗境中"相看两不厌"的"人与自然"之契合,"独"字所传达的意思,便不再是孤独一类的主观意趣,而是让一切陪伴者都离开,从而体验直面"纯粹本体"的哲思意味。不仅如此,李白此诗之所以意象鲜明而意蕴深邃,又因为其间意象绝非"独坐"之人与"独去"之云的心物对应,以及"独坐"之人与"独立"之山的心物对应,同时分明还有"高飞"之鸟!恰恰是"众鸟高飞尽"这"发唱明亮"的起首一句,自然而然地引发出"天高任鸟飞"的言外之意,这样一来,就有一种笼罩全篇的无限逍遥意态。在这里,我想强调指出,"众鸟高飞尽"的意象,使人联想到庄子的"鱼相忘于江湖,人相忘于道术",由此传达出来的终极价值观念,是为人类诗意栖居创造无限自由空间,而"孤云独去闲"的一个"闲"字,呈现出闲庭信步般悠闲自在的从容节奏。

如今的人们,能否用诗人李白的思想意态来安顿"人"与"自然"的关系呢?愿本书选释的古典内容,能有助于世人修成"相看两不厌"的"人与自然"完美契合境界。

韩 经 太

2017年6月8日

道法自然

菜根譚

天地合德

〔解题〕 题目据正文拟。《周易》相传为周文王所作。关于周易之名,"周"字大略有两种解释:一是指周朝,即《周易》即周朝之《易》书;二是指周普,即指无所不包。"易"有三义:一为"变易",即天下万物皆是变易不居的;二为"简易",书中所讲皆是阴阳变化而已;三为"不易",指一切皆变,唯变不变大人与天地日月四时鬼神相合的本质是什么呢?是合乎道罢了,也就是合乎天地万物自然变化之理,也即自然界之运行规律。"先天不违",指意在行先,默然与天合契。"后天奉天",指知天理而风行。所以无论先天后天,其实还是人要合于天,其内在理念即天人合一。

夫大人者,与天地合其德[1],与日月合其明,与四时合其序,与鬼神合其吉凶,先天而天弗违[2],后天而奉天时[3]。天且弗违,而况于人乎?况于鬼神乎?

——《周易·乾卦·文言》

[1] 合:符合,相同。

[2] 先天:先于天象,此谓自然界尚未出现变化之时,就预先采取必要的措施。

[3] 后天:后于天象,此谓自然界出现变化之后,及时采取适当的措施。

变通得久

[解题] 这篇选文常被视为八卦的起源,换个角度,此段正是演化了人类文明的起源。所谓包牺氏也好,黄帝、尧、舜也罢,在传说中皆是中华文明的祖先,被视为圣人。之所以被称为圣人,只是他们能够探究天地自然的玄奥,来结网捕鱼、耒耜耕种,聚货为市,垂范衣裳,舟楫以通,牛马载重,门托防暴,杵臼舂食,弓矢威服,宫室遮雨,棺椁定丧,书契以决等等。所有这些文明之创制,皆是由于"观象于天""观法于地",也就是探究自然之奥秘,同时要根据"进取诸身",即要根据人类自身情况而发明创制。所以,圣人一定是天人合一的理想化身,既能探秘宇宙自然的玄秘,又能通达人情,所以所有的发明创造皆是合乎人情需求与合乎历史发展的。后世魏晋玄学思想家讨论的"圣人有情无累"的观点也可在此找到发端。

古者包牺氏之王天下也[1],仰则观象于天,俯则观法于地,观鸟兽之文,与地之宜[2],近取诸身,远取诸物,于是始作八卦,以通神明之德,以类万物之情[3]。作结绳而为罔罟,以佃以渔[4],盖取诸离[5]。包牺氏没,神农氏作[6],斲木为耜,揉木为耒[7],耒耨之利[8],以教天下,盖取诸益[9]。日中为市,致天下之民,聚天下之货,交易而退,各得其所,盖取诸噬嗑[10]。神农氏没,黄帝、尧、舜氏作[11],通其变,使民不倦[12];神而化之,使民宜之[13]。易穷则变,变则通,通则久。是以自天祐之,吉无不利[14]。黄帝、尧、舜垂衣裳而天下治[15],盖取诸乾、坤[16]。刳木为舟[17],剡木为楫[18],舟楫之利,以济不通,致远以利天下,盖取诸涣[19]。服牛乘马[20],引重致远,以利天下,盖取诸随[21]。重门击柝[22],以待暴客,盖取诸豫[23]。断木为杵,掘地为臼,臼杵之利,万民以济[24],盖取诸小过[25]。弦木为弧[26],剡木为矢,弧矢之利,以威天下,盖取诸睽[27]。上古穴居而野处,后世圣人易之以宫室,上栋下宇[28],以待风雨,盖取诸大壮[29]。古之葬者厚衣之以薪,葬之中野,不封不树[30],丧期无数[31]。后世圣人易之以棺椁[32],盖取诸大过[33]。上古结绳而治[34],后世圣人易之以书契[35],百官以治,万民以察,盖取诸夬[36]。

——《周易·系辞》

[1] 包牺氏:我国上古传说中的人物。古书多作"伏羲""伏牺""庖牺""宓戏""伏戏",亦称"牺皇""羲皇"。

[2] 与地之宜:此谓适宜存在于地上的诸种事物。

[3] 神明之德:阴阳变化的德行。万物之情:世间万物的情状。

[4] 作:创造。罔罟(wǎng gǔ 网古):罔,同"网"。古书中捕兽的网叫"罔",捕鱼的网叫"罟"。此谓鱼网。佃(tián 田):同"田",田猎。渔:捕鱼。

[5] 盖:表推测语气。离:六十四卦之一,上下卦均为"离",象征附丽。离有"目"象,上下两目相重合在一起,象征了罗网的孔眼结构。罗网的制作未必取法于离卦的卦理,而是由于卦象与物象有相似之处,以下所引也大都与此相类。

[6] 神农氏:我国上古传说中的人物。教人农耕,亲尝百草的人物。一说即"炎帝"。

[7] 斲:同"斫",砍削。揉:使木弯曲。耒耜(lěi sì 磊肆):我国古代最原始的翻土工具,靠脚踩把下端的"耜"刺入土中,然后用手操纵曲柄"耒"

以翻掘土壤。最初,上下两部分均为木制,故有斲揉之称。

[8] 耨:耘田。利:好处。

[9] 益:六十四卦之一,下震上巽,象征"增益"。由于下"震"为动,上"巽"为木,为入,恰如耒耜二体均为木制,操作时上入下动,故文中推测神农氏取此象征以制耒耜。

[10] 噬嗑(shì hé 是何):六十四卦之一,下震上离,象征"咬合"。由于上离为日,为明,下震为动,恰如"日中"而集市兴动,且贸易交合与"咬合"之义相通,故文中推测神农氏取此象征以规定"日中为市"。也有认为"噬嗑"与"市""合"音近相借,故取此象征。

[11] 黄帝:姬姓,号轩辕氏,有熊氏,传说中华民族的共同祖先。尧:陶唐氏,名放勋,史称"唐尧"。舜:姚姓,有虞氏,名重华,史称"虞舜"。此三人均为传说中上古之人。

[12] 通其变:此谓变通前代的器用、制度。不倦:犹言进取而不懈怠。

[13] 神而化之,使民宜之:谓根据事物的微妙之处而变化,使百姓能够各得其所需。即随着时代的变化,根据百姓所需而变化前代的器用、制度。

[14] 自天祐之,吉无不利:"大有"卦的上九爻辞,谓从上天降下祐助,吉祥而无所不利。此处援引以说明黄帝、尧、舜能运用《周易》的"变通"之理,故无所不利。祐:谓天、神等的祐助。

[15] 垂衣裳:传说在黄帝之前,人们穿着动物的皮毛来抵御寒暑,黄帝首先创制衣裳,示范天下,人们效仿。垂:垂示,示范。

[16] 乾、坤:六十四卦的开首两卦,各以"乾""坤"重叠而成,象征"天""地"。由于乾坤为上、下之象,古代服制上衣下裳,故文中推测黄帝、尧、舜取此两卦象征以制造"衣裳"。

[17] 刳(kū 哭):剖开而挖空。

[18] 剡(yǎn 掩):削。

[19] 涣:六十四卦之一,下坎上巽,象征"涣散"。由于上巽为木,下坎为水,犹如舟行水面,故文中推测黄帝、尧、舜取此象征以制"舟楫"。

[20] 服牛:乘牛。

[21] 随:六十四卦之一,下震上兑,象征"随从"。由于下震为动象,上兑为悦象,犹如马牛在下背驰,乘驾者居上而欣悦,故文中推测黄帝、尧、舜

取此象征以发明"服牛乘马"之事。

［22］重门：两道门。柝：古代巡夜者用来敲击报更的木梆。

［23］豫：六十四卦之一，下坤上震，象征"愉乐"。由于上震倒视为"艮"，其下又有"互艮"，艮为门阙、多节之木、手指之象。犹如设两道门而手持双木互相击打。另外，"豫"有"预备"之义，故文中推测黄帝、尧、舜取此象征以设立"重门击柝"防盗。

［24］济：成，此谓舂米为食。

［25］小过：六十四卦之义，下艮上震，象征"小有过越"。由于上震为"动"，下艮为"止"，上下相配，恰如杵臼舂米的情状，故文中推测黄帝、尧、舜取此象征以制"杵臼"。

［26］弦木：谓弯木上弦。弦，此处用作动词，上弦。弧：弓。

［27］睽(kuí 葵)：六十四卦之一，下兑上离，象征"乖背睽违"。由于睽卦的象征意义是事有乖睽然后合之，而弓矢之用也是制服天下之乖争者。故文中推测黄帝、尧、舜取此象征以造弓矢、威福天下。

［28］宇：屋檐。

［29］大壮：六十四卦之一，下乾上震，象征"大为强盛"。由于下乾为"健"，上震为"动"，犹如风雨动于上，而宫室壮于下，故文中推测黄帝、尧、舜取此象征以建"宫室""待风雨"。

［30］封：堆土为坟。树：植树。此句谓上古葬俗既不堆坟墓，也不植树为标记。

［31］丧期：居丧之期。此句谓上古服丧，没有限定的期数。

［32］棺椁(guǒ 果)：古代棺木，内层为棺，外层为椁。

［33］大过：六十四卦之一，下巽上兑，象征"大为过厚"。由于大过卦有此象征意义，而丧礼的制定是变简朴为繁厚，故文中推测黄帝、尧、舜取此象征创制以"棺椁"安葬的理解。

［34］结绳而治：谓上古未出现文字之初，用绳子结扣来记事等。

［35］书契：契刻文字。契：刻。

［36］夬(guài 怪)：六十四卦之一，下乾上兑，象征"决断"。由于夬卦有"断事明决"的象征意义，而"书契"文字的兴起正为了明于治事，故文中推测黄帝、尧、舜取此象征以制"书契"，使"百官以治，万民以察"。

7

大 同

〔**解题**〕题目系据正文所拟。《礼记》是一部记录秦汉之前社会典章制度的书,儒家经典之一。"大同"是儒家关于社会发展之终极目标的构想,在这样的理想社会中,第一,"天下为公",非一姓之天下;第二,"选贤与能"即遴选最优秀最有才德的人治理;第三,泛爱亲民,让老有所养,一切生活不能自理之人皆能有体面的过上合适的生活;第四,人尽其才,物尽其用,地尽其利,货尽其通,社会生产效率极高,物质财富极为丰富;第五,社会风清气正,没有阴谋算计,没有盗窃乱贼。大同世界的描写是与共产主义极其相似的世界,生活于其中的人们既能够释放自己所有的活力,同时也促进了社会的高度繁荣进步,兼之社会道德水准极高,人与人、人与自然皆和乐相处。这虽是道德倡导、理想构建,但至今读来仍富有积极指导意义。

大道之行也[1],天下为公,选贤与能[2],讲信修睦。故人不独亲其亲,不独子其子。使老有所终,壮有所用,幼有所长[3],矜寡孤独废疾者[4],皆有所养。男有分[5],女有归[6],货恶其弃于地也,不必藏于己。力恶其不出于身也,不必为己。是故谋闭而不兴[7],盗窃乱贼而不作,故外户而不闭[8],是谓大同。

——《礼记·礼运》

［1］大道:天地间的理法。

［2］选贤与能:选拔贤德,将政事托付有能力的人。

［3］老有所终:老人都能得以赡养以终其余年。壮有所用:壮年之人不爱惜自己的力量以奉养老人抚育幼童。幼有所长:幼童都能得以长养成人。

［4］矜寡孤独废疾者:老而无妻、无夫的人;年幼无父、年老无子的人;身体残疾的人。矜,与"鳏"同。

［5］分:分配,此谓男子娶亲。

［6］归:女子出嫁。

［7］谋:奸邪欺诈之谋。此句意谓奸谋闭塞,无由自起。

［8］外户:屋门外的大门。

礼行乐兴

〔解题〕题目系据正文所拟。礼乐既是儒家教化的重要手段,也是教化生成的典型形态。所谓"礼",即是伦理秩序,所谓"乐",即是真情熏陶。礼的特点正如"天高地下",秩序分明而又合乎自然。乐的特点是人心感动而同化合一,从而实现教化之目的。古人话语,将社会伦理秩序与自然天地秩序等而视之,赋予四季的自然运转以人伦秩序的色彩,进而赋予人伦制度以笼罩天地鬼神的力量,无非是在强调制礼作乐的神圣性。

天高地下,万物散殊,而礼制行矣[1]。流而不息,合同而化,而乐兴焉[2]。春作夏长,仁也。秋敛冬藏,义也。仁近于乐,义近于礼。乐者敦和,率神而从天[3];礼者别宜,居鬼而从地。故圣人作乐以应天,制礼以配地。礼乐明备,天地官矣[4]。

——《礼记·乐记》

[1] "天高"三句:犹言天高地下,万物散殊,即自然之礼制。
[2] "流而"三句:犹言天地之和气流动不息,会和齐同而变化之际,自然之乐就兴起了。
[3] 率:因循。从:顺从。
[4] 天地官矣:意谓天地各得其所。

奉 三 无 私

〔**解题**〕题目系据正文所拟。子夏所问三王之德如何参于天地,孔子的回答是"奉三无私"。所谓"三无私",主体虽是天地日月,实则代指天地对万物皆大公无私,光明磊落。对于天来说,四时交替流转是一种教化,对于地来说,风雷物生也是一种教化。三代之王能够效法天地之德,清明公正地慰劳天下,则百姓拥戴,因为他无私心。

子夏曰[1]:"三王之德[2],参于天地,敢问何如斯可谓'参于天地'矣?"孔子曰:"奉三无私,以劳天下[3]。"子夏曰:"敢问何谓'三无私'?"孔子曰:"天无私覆,地无私载,日月无私照。奉斯三者,以劳天下,此之谓'三无私'。其在《诗》曰[4]:'帝命不违,至于汤齐。汤降不迟,圣敬日齐[5]。昭假迟迟[6],上帝是祇[7]。帝命式于九围[8]。'是汤之德也。

"天有四时,春秋冬夏,风雨霜露,无非教也。地载神气[9],神气风霆,风霆流形,庶物露生,无非教也。

"清明在躬,气志如神,嗜欲将至,有开必先[10]。天降时雨,山川出云。其在《诗》曰[11]:'嵩高唯岳[12],峻极于天。惟岳降神,生甫及申[13]。惟申及甫,惟周之翰[14]。四国于蕃[15],四方于宣[16]。'此文、武之德也。

"三代之王也,必先令闻,《诗》云[17]:'明明天子[18],令闻不已。'三代之德也。'弛其文德,协此四国。'[19]大王之德也[20]。"子夏蹶然而起[21],负墙而立,曰:"弟子敢不承乎[22]?"

——《礼记·孔子闲居》

[1] 子夏:卜商,字子夏,孔子弟子。
[2] 三王:禹、汤、文王。
[3] 劳:慰劳,抚慰。
[4] "《诗》曰"以下七句:皆引自《诗经·商颂·长发》。
[5] 齐(jī基):通"跻",升。
[6] 假:至。迟迟:长远。
[7] 祗(zhī支):敬。
[8] 式:示范,法式。九围:九州。
[9] 神气:神妙之气。
[10] 有开必先:谓圣人欲王天下,有神开导,一定先为之降生贤智之人以供辅佐。
[11] "《诗》曰"以下八句:引自《诗经·大雅·崧高》。
[12] 嵩:高。岳:四岳,东岳泰山,西岳华山,南岳衡山,北岳恒山。古代天子巡狩四方,于此朝见诸侯。
[13] 甫:国名,此谓甫侯。其封地在今河南省南阳市西。申:国名,此谓申伯。其封地在今河南南阳北。
[14] 翰:通"干"(gàn赣)。草木的茎干,引申为骨干。
[15] 四国于蕃:谓四国有难,则去共同防御。
[16] 四方于宣:四方恩泽不至,则去宣示畅达。
[17] "《诗》云"以下二句:引自《诗经·大雅·汉江》。
[18] 明明:勉勉,谓其在公尽力。
[19] "弛其"二句:引自《诗经·大雅·汉江》。弛,宽施。
[20] 大王:即太王,谓文王祖父古公亶父,武王灭商后追尊之为太王。
[21] 蹶(juě决上声)然:急起,惊起状。
[22] 承:承教。

万物并育而不相害

〔解题〕题目系据正文所拟。《中庸》是《礼记》的重要篇章,南宋朱熹编著《四书集注》将《大学》《中庸》从《礼记》中抽出,与《论语》《孟子》并列,称为《四书》,自此《中庸》更是受到人们的极大重视。孔子继承效法古圣人治理之道是"上律天时,下袭水土",即合于天地之道。天地之道无所不包,有序运行。"万物并育而不相害"可谓天地的重要品德,天地间万物可谓夥矣,而万物皆能各得其所,并行不悖,换句话说,各自绽放自己的精彩,即是天地之所以为大的原因。天地之大,并非天下万物多,而是能够兼容。人类世界的有序运行也要效仿天地,使每一个个体皆能正常生存,有体面有尊严地生活,思想不一致也能够并存,而不必被视为异见。如此,社会便能风清气正,自然得以教化。

仲尼祖述尧舜[1],宪章文武[2],上律天时,下袭水土。辟如天地之无不持载[3],无不覆帱[4]。辟如四时之错行[5],如日月之代明[6]。万物并育而不相害[7],道并行而不相悖[8],小德川流[9],大德敦化[10],此天地之所以为大也。

——《礼记·中庸》

[1] 祖述:效法遵循远古之道。
[2] 宪章:遵守法制。文武:周文王与周武王。

［3］辟如：犹"譬如"。

［4］覆帱（dào 道）：覆盖。帱，覆盖。

［5］错行：迭代运行。

［6］代明：交替照明。

［7］并育：一齐生养。害：损害。

［8］并行而不悖：同时进行，不相妨碍。

［9］小德川流：小德如江河，川流不息。小德，细微之德。川流，河川的流动。

［10］大德敦化：大德敦厚，化育万物。大德，盛美之德。敦化，敦厚化育。

里革断罟匡君

〔解题〕题目系据正文所拟。《国语》是中国最早的一部国别体著作,记录了周朝王室和鲁国、齐国、晋国、郑国、楚国、吴国、越国等诸侯国的历史,相传为左丘明所作。本文写鲁宣公违背时令捕鱼,太史里革割破鱼网用言语匡扶宣公之事。里革之所以劝诫匡扶,是因为适当夏日,正是鱼类孕育生长之时,此时捕捞,实属贪心。所以,里革之劝诫匡扶,并非禁止捕鱼,而是应合其时,这也是一种天人伦理秩序的体现。另外,他认为在大寒降时捕猎,有"助宣气""助生阜"的功用,这更表明了人类所有行为皆应有助自然。

宣公夏滥于泗渊[1],里革断其罟而弃之[2],曰:"古者大寒降[3],土蛰发[4],水虞于是乎讲眾罶[5],取名鱼[6],登川禽[7],而尝之庙[8],行诸国,助宣气也[9]。鸟兽孕,水虫成[10],兽虞于是乎禁罝罗[11],猎鱼鳖以为夏犒[12],助生阜也[13]。鸟兽成,水虫孕,水虞于是乎禁罜䍡[14],设阱鄂,以实庙庖[15],畜功用也。且夫山不槎蘖[16],泽不伐夭[17],鱼禁鲲鲕[18],兽长麑𪊨[19],鸟翼鷇卵[20],虫舍蚳蝝[21],蕃庶物也[22],古之训也。今鱼方别孕,不教鱼长,又行网罟,贪无艺也[23]。"

公闻之,曰:"吾过而里革匡我,不亦善乎!是良罟也,为我得法。使有司藏之,使吾无忘谂[24]。"师存侍[25],曰:"藏罟,不如寡里革于侧之不忘也[26]。"

——《国语·鲁语上》

[1] 宣公:鲁宣公姬俀(tuǐ 腿),公元前 608 年至前 591 年在位。滥:在水中安设捕网。泗:泗水,发源于今山东泗水县。渊:深水处。
[2] 里革:鲁国太史。罟(gǔ 古):鱼网。
[3] 降:减退。
[4] 土蛰:地下冬眠的蛰虫。
[5] 水虞:管理川泽水产捕捞事务的官员。讲:谋划。罛罶(gū liǔ 孤柳):捕大鱼的网篓。
[6] 名鱼:大鱼。
[7] 登:置物于豆(古代的一种高足食器)中。川禽:龟鳖之类的水产。
[8] 尝:祭祀名,以应时的新鲜食品率先供祭祖先尝新。
[9] 宣气:宣畅阳气。
[10] 水虫:水中生物。
[11] 兽虞:管理山林鸟兽捕猎事务的官员。罝(jū 居):捕兽网。罗:捕鸟网。
[12] 矠(zé 责):刺取。槁:干肉。
[13] 阜:生长。
[14] 罜䍡(zhǔ lù 主鹿):捕小鱼的细眼网。
[15] 阱:捕兽的陷阱。鄂:下设尖桩的捕兽坑。庖:厨房。
[16] 槎蘖(chá niè 查聂):砍取树木之后重生的新枝。
[17] 伐夭:伐取初生的植物。
[18] 鲲鲕(ér 儿):鱼苗。鲲,鱼子。鲕,破卵而出的小鱼。
[19] 麑麌(yǎo 舀):泛指幼兽。麑,小鹿。麌,小麋。
[20] 鷇(kòu 扣)卵:幼鸟与鸟蛋。鷇,刚出壳的雏鸟。
[21] 蚳蝝(chí 迟):蚁卵。蝝(yuán 缘):未生翅的幼蝗。蚳蝝古时均可制酱。
[22] 庶物:众生物。
[23] 艺:限度。

[24] 谂(shěn 审):规谏。
[25] 师存:名字叫存的乐师。
[26] 寘(zhì 置):同"置"。

钓而不纲，弋不射宿

〔解题〕题目系据正文所拟。《论语》凡二十篇，《汉书·艺文志》云："《论语》者，孔子应答弟子、时人及弟子相与言而接闻于夫子之语也。当时弟子各有所记。夫子既卒，门人相与辑而论纂，故谓之《论语》。"《论语》中体现了孔子仁爱善教、通达进取之精神。所选这两句话，可看出孔子对于万事万物的仁爱之心，更重要的是对自然索求有度，即今日所言之可持续发展。

子钓而不纲[1]，弋不射宿[2]。

——《论语·述而》

[1] 纲：收束鱼网的绳子，此谓在水流上拦网捕鱼。
[2] 弋：系有绳子的箭，用以射鸟。宿：谓鸟巢，亦谓歇宿之鸟。

君子有三畏

〔解题〕题目系据正文所拟。君子所敬畏的天命、大人、圣人之言,大意是指自然规律、德高的当政者与圣人的言语。自然有其运行规律,而当政者掌握国家社稷之重器,圣人的言行具有示范引导作用,都不是可以随便儿戏的。真正具有道德节操的君子,必然是依照规律办事之人,他们敬畏"大人",并非趋炎附势,而是对于国家社稷之事不可玩忽的态度和责任。敬畏圣人,是因为圣人是至善、至美的化身。而没有原则的小人,则对于看不见的自然规律不会心生敬畏,对于德高的当政者表示轻慢,对于圣人的言语不予尊重。小人亦有所敬畏,只是非君子之所敬畏就是了。

孔子曰:"君子有三畏:畏天命,畏大人,畏圣人之言。小人不知天命而不畏也,狎大人,侮圣人之言[1]。"

——《论语·季氏》

[1] 狎:此谓轻慢。侮:亵渎。

天 何 言 哉

〔解题〕题目系据正文所拟。本文是孔子与子贡的一段对话,讨论的焦点在一个"言"字。孔子说过,对人要"听其言而观其行",只听取一个人说得如何是不够的,还要看他做得如何。在本文中,孔子又举了天的例子,天孕育了万物,包含着四时运化,却从来没有说过什么。虽是在讨论"言"的问题,但孔子所举之例亦体现出他的天道观,即天自有其运行规律,是客观存在的。天道自然运行,四时自然变化,万物自然生生不息,不必有言语的沟通,因为有着自然规律的统摄,一切皆自然发生,从不失准。

子曰:"予欲无言。"子贡曰:"子如不言,则小子何述焉?"子曰:"天何言哉?四时行焉,百物生焉,天何言哉?"

——《论语·阳货》

不违农时

〔解题〕题目系据正文所拟。孟子,名轲,字子舆。是孔子之孙孔伋的再传弟子。孟子是儒家学派的代表人物,后被尊称为"亚圣"。主张王道,并提出了"民贵君轻"的民本思想。《孟子》即孟子弟子及再传弟子记录其言行之书。梁惠王与孟子对话,谈论王霸之业,孟子认为,要想实行王道,必须做到"富之"(使百姓富庶)而"教之"(对百姓进行教化)。本文所选,即其精彩论述之一节。"不违农时""数罟不入洿池""斧斤以时入山林"皆体现了孟子对于自然规律的遵从。"时"为时节,是大自然生育万物的根本规律,不依照时节,百姓不能富庶,王道自然不兴。同时,选文中强调了富庶之后应适时施行教化,教化之内容,亦是遵从仁爱之道的应时之理。应时,非只施行王道之必由,亦是做任何事情都要遵从的内在逻辑。人是要遵从天道的自然规律的,"人定胜天"是绝对的人类为中心的狂妄主义。天人合一,为求天道与人道的和合统一,天道促进人道,人道顺应天道,而非征服敌对关系。明白了这一层关系,对于当今世界,亦有指导之功。

不违农时,谷不可胜食也[1]。数罟不入洿池[2],鱼鳖不可胜食也。斧斤以时入山林[3],材木不可胜用也。谷与鱼鳖不可胜食,材木不可胜用,是使民养生丧死无憾也[4]。养生丧死无憾,王道之始也。五亩之宅,树之以桑,五十者可以衣帛矣[5]。鸡豚狗彘之畜,无失其时[6],七十者可以食肉矣。

百亩之田,勿夺其时,数口之家可以无饥矣。谨庠序之教[7],申之以孝悌之义[8],颁白者不负戴于道路矣[9]。七十者衣帛食肉,黎民不饥不寒[10],然而不王者未之有也。

——《孟子·梁惠王上》

[1] 不可胜食:言食物之多。胜,尽。

[2] 数(cù 醋)罟:网孔细密的鱼网。数,细密。洿(wū 污)池:水池。

[3] 斤:斧头的一种,亦泛指斧头。以时:按一定的时节。

[4] 丧死:葬送死者。

[5] 衣(yì 亦):用作动词,穿衣。

[6] 豚:猪。彘(zhì 制):小猪。无失其时:不耽误养育的时节。

[7] 庠(xiáng 详)序:古代的乡学。

[8] 申:重复,一再。

[9] 颁白:同"斑白",头发花白的老人。负戴:古代用人力搬运重物的两种方式,负指背在背上,戴指顶在头上。

[10] 黎民:老百姓。

群道当则万物皆得其宜

〔解题〕题目系据正文所拟。荀子(约前313—前238),名况,儒家学派的代表人物。对于人性的理解,荀子主张性恶论,认为人性本恶,需依靠后天环境及教育使人从教向善。曾三任齐国稷下学宫祭酒,后为楚国兰陵令。本文节选自《王制》篇。根据王制规定,在动植物生长之时,禁止凶器进入以阻断其生长发育。不过度采捕,方能待成熟时供给百姓的正常需求,如果一味索取,将违背自然规律,不能养育百姓。此文亦是论证依"时"而取,尊重时节,遵照自然万物生长的规律,如此,便得长久。

君者,善群也[1]。群道当则万物皆得其宜[2],六畜皆得其长[3],群生皆得其命。故养长时则六畜育[4],杀生时则草木殖[5],政令时则百姓一,贤良服。圣王之制也:草木荣华滋硕之时[6],则斧斤不入山林,不夭其生,不绝其长也;鼋鼍、鱼鳖、鳅鳝孕别之时[7],罔罟毒药不入泽[8],不夭其生,不绝其长也;春耕、夏耘、秋收、冬藏四者不失时[9],故五谷不绝而百姓有余食也[10];洿池、渊沼、川泽,谨其时禁[11],故鱼鳖优多而百姓有余用也[12];斩伐养长不失其时,故山林不童而百姓有余材也[13]。

——《荀子·王制》

[1] 群:此谓将人们组织成社会群体。

［2］"群道"句：谓组织社会群体的原则得当，那么万物都能得到合理的安排。

［3］六畜：猪、牛、羊、马、鸡、狗六种禽畜，此处泛指家畜。

［4］时：得时，按时。

［5］殖：孳生。

［6］荣华：泛指草木茂盛、开花。草本植物开花叫"荣"，木本植物开花叫"华"。滋：生长。硕：大。

［7］鼋（yuán 原）：大鳖。鼍（tuó 驮）：扬子鳄。鳝（shàn 善）：同"鳝"。别：谓离开母体，即生育。

［8］罔罟（wǎng gǔ 网古）：罔，同"网"。古书中捕兽的网叫"罔"，捕鱼的网叫"罟"。此谓鱼网。

［9］耘：除草。

［10］五谷：指黍、稷、豆、麦、稻，泛指各种庄稼。

［11］洿（wū 污）池：水池。谨其时禁：严格限制在一定时节内捕鱼。

［12］优多：非常多。

［13］童：谓山林、土地无草木。

天 行 有 常

〔解题〕题目系据正文所拟。《天论》篇以磅礴的气势论述了自然变化与人事之间并无必然关系,带有浓厚的原始朴素辩证唯物主义的味道。在古代社会,由于受条件所限,人们认为人和天是有感应的,即天有祥瑞,则人间有圣人出,天有灾祸,则人间君主有过。本文详论天人关系,认为天的运行有其自然规律,与人事并无必然联系,不会因为圣主尧的存在而存在,也不会因为暴君桀的灭亡而灭亡。天人有分,一方面破除了盲目天人感应的学说,另一方面也是对于人的独立觉醒意识的阐扬。虽然天人有分,但并非完全不相关,而是"天有其时,地有其财,人有其治",即各得其所。真正的天人合一,并非天和人并无区分,或者人完全依附于天,或者人完全能够战胜天,而是天人各有其本分,又能各得其宜,即文中所说的"能参"。圣人"大智在所不虑",含有不固执人类主观意志的意思;"不为而成,不求而得",含有顺应天道而自然有成的意思。

天行有常[1],不为尧存,不为桀亡。应之以治则吉[2],应之以乱则凶[3]。强本而节用[4],则天不能贫;养备而动时[5],则天不能病;循道而不贰[6],则天不能祸。故水旱不能使之饥,寒暑不能使之疾,妖怪不能使之凶[7]。本荒而用侈,则天不能使之富;养略而动罕[8],则天不能使之全[9];倍道而妄行[10],则天不能使之吉。故水旱未至而饥,寒暑未薄而疾[11]，妖怪未至而凶。受时与治世同[12]，而殃祸与治世异，不可以怨天，其道然也。故明于天人之分，则可谓至人矣[13]。

不为而成，不求而得，夫是之谓天职[14]。如是者，虽深，其人不加虑焉[15]；虽大，不加能焉；虽精[16]，不加察焉[17]；夫是之谓不与天争职。天有其时，地有其财，人有其治，夫是之谓能参[18]。舍其所以参而愿其所参，则惑矣。

列星随旋[19]，日月递炤[20]，四时代御[21]；阴阳大化，风雨博施[22]，万物各得其和以生，各得其养以成。不见其事而见其功，夫是之谓神[23]。皆知其所以成，莫知其无形[24]，夫是之谓天。唯圣人为不求知天。

天职既立，天功既成，形具而神生[25]，好恶、喜怒、哀乐臧焉，夫是之谓天情[26]。耳目鼻口形能，各有接而不相能也，夫是之谓天官[27]。心居中虚[28]，以治五官[29]，夫是之谓天君[30]。财非其类[31]，以养其类，夫是之谓天养[32]。顺其类者谓之福[33]，逆其类者谓之祸[34]，夫是之谓天政[35]。暗其天君[36]，乱其天官，弃其天养，逆其天政，背其天情，以丧天功，夫是之谓大凶。圣人清其天君[37]，正其天官[38]，备其天养[39]，顺其天政，养其天情，以全其天功。如是，则知其所为[40]，知其所不为矣，则天地官而万物役矣[41]。其行曲治[42]，其养曲适[43]，其生不伤，夫是之谓知天。

故大巧在所不为[44]，大智在所不虑。所志于天者[45]，已其见象之可以期者矣[46]；所志于地者，已其见宜之可以息者矣[47]；所志于四时者，已其见数之可以事者矣[48]；所志于阴阳者，已其见和之可以治者矣[49]。官人守天而自为守道也[50]。

——《荀子·天论》

［1］行：运行,变化。常：规律。
［2］应之：顺应它的规律。治：合理措施。
［3］乱：谓不顺应自然规律。凶：灾难。
［4］本：谓以农为本。
［5］养备：供养充足。动时：按时节劳作。
［6］循道：遵循自然规律。
［7］妖怪：怪异的自然现象。
［8］动罕：不能按时节劳作,意谓懒惰。
［9］全：健全,即健康地生活。
［10］倍道：违背了自然法则。倍,通"背",违背。
［11］薄：迫近。
［12］受时：遇到的天时。治世：安定的社会。
［13］至人：最了不起的人,即圣人。
［14］天职：自然界的职能。
［15］其人：谓上文之"至人"。
［16］精：微妙。
［17］察：仔细考察。
［18］参：参与,配合。下文"所参"指与天地争职能。
［19］列星随旋：群星相互跟随着运转。
［20］递炤：交替着照耀。炤(zhào照),同"照"。
［21］代御：相互交替进行。
［22］博施：普遍施加给万物。
［23］神：神妙,指自然的功能。
［24］皆知其所以成：都知道它形成了万物。以,通"已"。无形：没有形迹。
［25］形具：人的形体已经具备。神生：谓人的精神活动产生。
［26］天情：谓天生具有的情感。
［27］天官：天生的感觉器官。
［28］中虚：此谓胸腔内。

［29］治：支配。

［30］天君：天然的主宰。作者认为人的心是支配五官的器官，所以称为"天君"。

［31］财：同"裁"，本义是制裁，此处引申为利用。非其类：谓人类自身以外的东西。

［32］天养：自然养育。

［33］其：代词，指人类。

［34］逆：违背。

［35］天政：自然的政治法则。

［36］暗其天君：谓把人的心弄得昏暗糊涂。

［37］清：纯净。

［38］正：端正。

［39］备：充足。

［40］所为：指人所应做。

［41］官：尽职分。

［42］曲治：周到全面。

［43］曲适：周到恰当。

［44］大巧：非常心灵手巧之人。

［45］志：意向，从事。

［46］见：同"现"，出现。已：同"以"，凭、按，下同。期：预期，推测。

［47］宜：适宜。息：生长繁殖。

［48］数：次序。事：指农耕。

［49］和：调和。

［50］守天：守护天之规律。守道：守护自然规律。

天长地久

〔解题〕题目系据正文所拟。老子,姓李,名耳,春秋时期著名哲学家。所著《老子》,又名《道德经》,为道家学说代表经典,凡八十一章,对道之论述精妙深刻,影响深远。本文写天地不自生而能长生、圣人无私而能成其私,是老子比较典型的以退为进的观点。天地长久是因为不为自己而生,所以天地生生不息,而圣人效法天地,遇事将自身置于最后,但却得到众生的认可,而被置于最前,将自身利益置身事外,却总是得以保全。人在世间栖息生存,在群体中生活起居,若是人人自私,则社会纷争,反不能周全。但若放下自己的私心,求同存异,人与人的交往,甚至国与国的交往,便能更加和善,人类社会将更加美好。

天长地久。天地所以能长且久者,以其不自生[1],故能长生。

是以圣人后其身而身先[2];外其身而身存[3]。非以其无私邪?故能成其私。

——《老子》第七章

[1] 自生:自私其生,即为了自己而生存。
[2] 后其身:退让,居后。
[3] 外其身:把自己的身体和生命置之度外。

道 法 自 然

〔解题〕题目系据正文所拟。本文论述了"道"之伟大。道先于天地而存在,不依附于任何物体而存在,且又存在于任何事物之中。宇宙之中,时空之先,莫不有道,所以为天下母。宇宙中有四种伟大存在,道、天、地和人。而人循法于地,地循法于天,天循法于道,而道则自然而然。本文是论述"道"的重要文章,在唯天命是从的古代,写出了在"天"之上还有一个至高存在的"道",而"道"不是一个实体,也不是一个有知存在,而是高于天地万物存在的自然本能规律和法则。

有物混成,先天地生[1]。寂兮寥兮[2],独立而不改,周行而不殆[3],可以为天下母[4]。吾不知其名,字之曰"道"[5],强为之名曰"大"。大曰逝,逝曰远,远曰返[6]。

故道大,天大,地大,人亦大。域中有四大[7],而人居其一焉。

人法地,地法天,天法道,道法自然[8]。

——《老子》第二十五章

[1] 有物:犹言有个东西,此谓"道"。混成:意谓混然而存在。先天地生,意谓先于天地的产生而产生。

[2] 寂:寂静无声。寥:运动而无形。

[3] 周行:循环运行。不殆:不息。殆,通"怠"。

[4] 天下母:天下万物之母。

〔5〕字之:勉强为它命名。字:表字,别名。

〔6〕曰:此处相当于"则"。逝:往,离去。反:通"返"。逝、远、返,谓道的周行。

〔7〕域:空间。

〔8〕道法自然:谓道顺任自己本然,自然而然。

道 常 无 名

〔解题〕题目系据正文所拟。朴是没有任何人工雕饰制作的木,在这里也是"道"的另名。老子反对人为,主张无为而治,自然而然。虽然道常幽微不可见,但天下没有谁能够使它臣服,即言道是高于万物的存在。而当政者若能依道而行,便能风调雨顺,百姓得安。"道"之存在,如河流入海般自然而然。

道常无名、朴[1]。虽小,天下莫能臣[2]。侯王若能守之,万物将自宾[3]。

天地相合[4],以降甘露,民莫之令而自均[5]。

始制有名[6],名亦既有,夫亦将知止,知止可以不殆[7]。

譬道之在天下[8],犹川谷之于江海。

——《老子》第三十二章

[1] 无名:老子以"无名"喻"道"。朴:喻"无名"。
[2] 小:谓"道"的细微不可见。臣:臣服。
[3] 宾:宾服,归顺。
[4] 天地相合:谓天地间阴阳之气结合。
[5] 自均:自然均匀。
[6] 始制有名:谓开始建立制度规范,从而有了"名"。"名"与等级名分相联系。
[7] 殆:危险。
[8] 道之在天下:谓道遍在于天下万物之中。

三 生 万 物

〔解题〕题目系据正文所拟。"道"是本元,是唯一,由唯一之元而生发出阴阳二气,再由二气调和孕育出万事万物。万物之中有阴阳,阴阳共生共存、相辅相成而成和合状态。后文则是老子辩证思维的重要体现。以退为进,以守为攻,不争而得,皆属于老子的重要思想。最后一句"强梁者不得其死",表明了"道"以柔弱、退守为原则,以善为本的特点。

道生一,一生二,二生三,三生万物[1]。万物负阴而抱阳[2],冲气以为和[3]。

人之所恶[4],唯孤、寡、不穀[5],而王公以为称。故物或损之而益,或益之而损。人之所教,我亦教之。强梁者不得其死[6],吾将以为教父[7]。

——《老子》第四十二章

[1] 道生一:道是唯一的,既独一无二,又是一个浑然的整体,故老子常称道为一。二指阴阳二气,三指阴阳二气相互调和的状态。

[2] "万物"句:谓万物都包含阴阳两个对立面。

[3] "冲气"句:阴阳二气交冲而成和谐状态。冲,交冲,激荡。

[4] 恶:厌恶。

[5] 不穀(gǔ谷):古代君侯自称不善的谦词。

[6] 强梁:强横。

[7] 以为教父:以此作为施教的根本。父:根本。

道 生 德 蓄

〔解题〕 题目系据正文所拟。今天"道"与"德"经常并称,《老子》亦被称为《道德经》,但《老子》里的"道德"二字与今日不同。据本文描述,"道"是万物的根本,是"天下母",生养万物,而"德"则使万物得以蓄养、生蕃。而后文所称之"生而不有""为而不恃""长而不宰"则是老子一以贯之的不居功、不存私心的思想观念,引申开来,大体还是无为而治的意思。

道生之,德畜之[1],物形之[2],势成之[3]。
是以万物莫不尊道而贵德。
道之尊,德之贵,夫莫之命而常自然[4]。
故道生之,德畜之;长之育之;亭之毒之[5];养之覆之[6];生而不有,为而不恃,长而不宰。是谓"玄德"[7]。

——《老子》第五十一章

[1] 畜:同"蓄",蓄养万物。
[2] 物形之:万物莫不有其形。
[3] 势成之:依各种形势而成长、发展。
[4] "夫莫之"句:不对万物加以干涉,顺任万物之自然。
[5] 亭:结果实,此处用作动词。毒:成熟,此处用作动词。
[6] 覆:掩护,庇护。
[7] 玄德:深奥的德。

庖丁解牛

〔解题〕题目系据正文所拟。庄子,姓庄名周,字子休,宋国蒙人。战国中期著名的思想家、哲学家和文学家。继老子之后,战国时期道家学派的代表人物。代表作品《庄子》。庄子思想博大精深,想象丰富,语言汪洋恣肆,善用寓言。他崇尚绝对自由,追求自然无为。庖丁解牛的故事在中国家喻户晓,通过庖丁高超解牛技术的展示和解说,引出了关于"技"与"道"这个相对范畴的思考。解牛是"技",技术的提高需要千锤百炼方能得心应手,而庖丁却说自己"道进乎技",在这里,"道"显然不是"理论"二字可能框定的。在庄子认为,"道"存在于一切事物之中,包括"屎溺"(庄子语)。那么自然也存在于牛中,也存在于解牛之中。但"道"却并不是随意即可达到的,有时需要不断训练,在技术的熟练中逐步接近"道"的本质。依庖丁的解说,最开始解牛见牛是牛,三年之后便能看到局部,到今日能到高妙境界之"神遇",即精神感知,不用"目视",如此则能游走刀刃入于空隙之间,随牛之"天理"而解,技术高超,如艺术然。庖丁解牛的技术训练过程,正说明了一切高超技术的习得,均是人们遵循了事物的客观规律,全身心投入的结果。而一旦达到了最高技术水平,也就通向了"道"的终极境界。后人也常用庖丁解牛喻指技术臻于化境。

庖丁为文惠君解牛[1],手之所触,肩之所倚,足之所履[2],膝之所踦[3],砉然响然[4],奏刀騞然[5],莫不中音[6]。合于《桑林》之舞[7],乃中《经首》之会[8]。

文惠君曰:"嘻[9],善哉!技盖至此乎?[10]"

庖丁释刀对曰:"臣之所好者道也[11],进乎技矣[12]。始臣之解牛之时,所见无非全牛者。三年之后,未尝见全牛也[13]。方今之时,臣以神遇而不以目视[14],官知止而神欲行[15]。依乎天理[16],批大郤[17],导大窾[18],因其固然[19]。技经肯綮之未尝[20],而况大軱乎[21]!良庖岁更刀,割也;族庖月更刀[22],折也[23]。今臣之刀十九年矣,所解数千牛矣,而刀刃若新发于硎[24]。彼节者有间[25],而刀刃者无厚;以无厚入有间,恢恢乎其于游刃必有余地矣[26],是以十九年而刀刃若新发于硎。虽然,每至于族[27],吾见其难为,怵然为戒[28],视为止[29],行为迟。动刀甚微,謋然已解[30],如土委地[31]。提刀而立,为之四顾,为之踌躇满志,善刀而藏之[32]。"

文惠君曰:"善哉!吾闻庖丁之言,得养生焉。"

——《庄子·养生主》

[1] 庖丁:名叫丁的厨师。文惠君:旧注说是梁惠王,据清俞樾考证为赵国惠文王。解:宰割,分解。

[2] 履:踩。

[3] 踦(yǐ倚):抵辇。

[4] 砉(huā花)然:骨肉相离的声音。

[5] 奏刀:进刀。騞(huō豁阴平)然:切割肉的声音。

[6] 中(zhòng众)音:合乎音乐节奏。

[7] "合于"句:谓挥刀解牛,合乎《桑林》乐章的节奏。《桑林》:商汤时的乐曲名。

[8] 《经首》:唐尧时的乐曲名。会:节拍,节奏。

[9] 嘻:赞叹声。

[10] 盍(hé何):通"盍",何。

[11] 道:和"技"相对,谓在技术基础上所达到的对万物普遍规律的体认。

[12] 进:超过。

[13] 未尝见全牛:意谓看到的牛是一个个可随意分割拆卸的局部。

[14] 神遇:用精神和牛接触。

[15] 官知止:眼耳等器官的知觉皆停止不用。神欲:精神活动。

[16] 依:顺着。天理:此谓牛的自然结构。

[17] 披:用刀分开。郤(xì隙):同"隙",骨肉间的空隙。

[18] 导:引导。窾(kuǎn款):骨节间的空隙。

[19] 因:顺着。固然:本来的样子,此谓牛体自然的结构。

[20] 技经:谓经络。技,据清俞樾考证,当是"枝"字之误,即枝脉。经,经脉。肯:附着在骨头上的肉。綮(qìng庆):筋肉聚结处。未尝:没有试过,即未曾碰到肯綮之处的阻碍。尝,试。

[21] 軱(gū孤):大骨。

[22] 族庖:一般的厨师。族:众。

[23] 折:谓生硬砍折。

[24] 若新发于硎(xíng刑):好像刚从磨刀石上开过刃一样。硎,磨刀石。

[25] 节:骨节。间(jiàn建):间隙。

[26] 恢恢乎:宽绰有余的样子。

[27] 族:筋骨交错处。

[28] 怵:警惕的样子。

[29] 视为止:目光不敢他顾,比喻专心致志。

[30] 謋(huò或)然:骨肉分离的声音。

[31] 委:堆积。

[32] 善:指擦拭。

不材之木

〔解题〕题目系据正文所拟。一棵被奉为社树的栎树,因为是无用的散木,而得以存活长久。文章表达了"无用之用是为大用"的见解,在常人(如匠石)看来,此树毫无用处,不可做舟,不可为棺椁。但以栎树自己看来,多少有用的"文木"正是由于有用而惨遭夭折,不能完成自己的天寿。有用与无用,关键看对象。对人来说,散木无用,但对散木来说,对人无用则是对自己的大用了。所以,庄子在此以一个极为辩证的视角来看问题,绝不是站在人类中心主义的立场上。但是所谓无用也绝不是一无用处,栎树虽没作为舟船棺椁使用,但却被当作社树来供人们祭祀。不过,在栎树一方,做社树也只是为了躲避砍伐而得自然之寿吧。有用与无用,着实是一个永远值得人们思考的辩证范畴。

匠石之齐[1],至于曲辕[2],见栎社树[3]。其大蔽数千牛,絜之百围[4],其高临山十仞而后有枝[5],其可以为舟者旁十数[6]。观者如市,匠伯不顾[7],遂行不辍[8]。

弟子厌观之[9],走及匠石[10],曰:"自吾执斧斤以随夫子[11],未尝见材如此其美也。先生不肯视,行不辍,何邪?"

曰:"已矣,勿言之矣!散木也[12]。以为舟则沉,以为棺椁则速腐[13],以为器则速毁,以为门户则液樠[14],以为柱则蠹[15]。是不材之木也,无所可用,故能若是之寿。"

匠石归,栎社见梦曰[16]:"女将恶乎比予哉[17]?若将比予于文木邪[18]？夫柤梨橘柚,果蓏之属[19],实熟则剥[20],剥则辱[21];大枝折,小枝泄[22]。此以其能苦其生者也,故不终其天年而中道夭,自掊击于世俗者也[23]。物莫不若是。且予求无所可用久矣,几死,乃今得之,为予大用。使予也而有用[24],且得有此大也邪？且也若与予也皆物也[25],奈何哉其相物也[26]？而几死之散人,又恶知散木！"

匠石觉而诊其梦[27],弟子曰:"趣取无用[28],则为社何邪？"

曰:"密[29]！若无言！彼亦直寄焉[30],以为不知己者诟厉也[31]。不为社者,且几有翦乎[32]！且也彼其所保与众异,而以义喻之[33],不亦远乎！"

——《庄子·养生主》

[1] 匠石:宋国名为石的木匠。之:往。

[2] 曲辕:地名,属于宋国。

[3] 栎(lì力):树名。社:土地神。社树:被供奉为土地神的树。

[4] 絜(xié携):量,用绳子计量。围:长度单位,直径一尺的圆周为一围。

[5] 临:从高处往下看,此谓高出于。仞:长度单位,八尺为一仞。

[6] 旁:旁枝,横生的枝杈。

[7] 伯:长。匠石当是工匠首领,故称之为"匠伯"。顾:回头看。

[8] 遂:而。辄:停止,止步。

[9] 厌:饱,满足。

[10] 走:跑,快跑。

[11] 斤:斧头的一种,亦泛指斧头。

[12] 散木:无用的木材。

[13] 棺:棺材。椁(guǒ果):外棺。古时棺木有两层,内层为棺,外层为椁。

[14] 门:屋外的大门,多为双扇。户:屋内小门,多位单扇。樠(mán

蛮):树名,树心似松,有汁液流出。

[15] 蠹(dù 杜):蛀虫。

[16] 见(xiàn 现)梦:托梦。

[17] 女(rǔ 汝):通"汝",你。

[18] 文木:纹理正常的树木,即有用的树木。

[19] 柤(zhā 渣):通"楂",山楂。果蓏(luǒ 裸):瓜果的总称。有核称果,无核称蓏。

[20] 剥:剥落,此谓人为的采摘。

[21] 辱(nù 女去声):通"衂",扭折。

[22] 泄:通"抴",扭拉,牵扯。

[23] 掊(pǒu 剖上声):打。

[24] 使:假如。

[25] 若:你。

[26] 相:观察,此指看待。

[27] 诊:通"畛",告诉。

[28] 趣(qū 驱)取:追求。趣,通"趋"。

[29] 密:闭口,住嘴。

[30] 直:只是。

[31] 诟:辱骂。厉:病,此指讥斥。

[32] 几:通"岂",难道。翦:砍伐。

[33] 义:常理。喻:说明。

浑沌之死

〔解题〕题目系据正文所拟。庄子以寓言的形式讲述了南海之帝儵和北海之帝忽为了中央之帝浑沌的礼遇而凿窍报德,而导致混沌死亡的故事。本则寓言短小却极为耐人寻味,"浑沌"可以代表自然的元朴状态,而"儵"和"忽"则代表了时间的短暂,"七窍"是人类与外界联系交互的通道,或许七窍代表了文明开化,说浑沌开七窍而死,正是原始朴拙状态在文明开化之后的崩塌。庄子为代表的道家对于一切人为的东西基本持有鄙夷痛恨的态度,认为天地本自然,而一切人为都是伪的,假饰的。所谓文明的开化,恰恰破坏了能够待人甚善的原始朴拙美德。儵和忽在表示由原始朴拙到文明开化的时间其实是很短暂的,也就是在一念之间。对于过度开发所造成的危害,恐怕浑沌之死对我们是个警示。

南海之帝为儵,北海之帝为忽,中央之帝为浑沌。儵与忽时相与遇于浑沌之地,浑沌待之甚善。儵与忽谋报浑沌之德[1],曰:"人皆有七窍以视听食息[2],此独无有,尝试凿之。"日凿一窍,七日而浑沌死。

——《庄子·应帝王》

[1] 谋报:商量报答。德:恩惠。
[2] 七窍:气孔,谓两眼、两鼻、两耳、一口。息:呼吸。

轮扁斫轮

〔解题〕题目系据正文所拟。轮扁因为自己的斫轮技术不能直接传给儿子,一方面提出"读书无用论",另一方面指出了技术传承和习得的非直接性。读书无用论在今日自然不被认同,但作者之否定读书,并非真正从绝对意义上不认可书籍的价值,而只是为了谈及技术的不可直接传承性。世间的文明传承,大略有两种,一种是学术的传承,一种是技术的传承,学术可以通过学习阅读而获得,而技术的获取则必须通过实践。正如看过游泳的教学片不等于学会游泳一样,技术在人类文明的发展过程中也极为重要。这也是在当下肯定"工匠精神"的原因。

桓公读书于堂上。轮扁斫轮于堂下[1],释椎凿而上,问桓公曰:"敢问,公之所读者何言邪?"

公曰:"圣人之言也。"

曰:"圣人在乎?"

公曰:"已死矣。"

曰:"然则君之所读者,古人之糟魄已夫[2]!"

桓公曰:"寡人读书,轮人安得议乎!有说则可,无说则死。"

轮扁曰:"臣也以臣之事观之。斫轮,徐则甘而不固[3],疾则苦而不入[4]。不徐不疾,得之于手而应于心,口不能言,有数存焉于其间[5]。臣不能以喻臣之子,臣之子亦不能受之于臣,是以行年七十而老斫轮。古之人与其不可传也死矣,然则君之所读者,古人之糟魄已夫!"

——《庄子·天道》

[1] 轮扁:名叫扁的制作车轮之人。斫(zhuó浊):砍。
[2] 糟魄:即糟粕。指造酒剩下的渣滓。糟为酒滓,糟烂后为粕。
[3] 徐:徐缓。甘:松滑。
[4] 疾:急迫。苦:涩滞。
[5] 数:技术,规律。

省 官

[**解题**] 《管子》集中反映了管子的思想。本文主要阐述了"虞师""司空""司田""乡师""工师"等五种官职的职责。官职不同,职责自有不同,然而在论述之中,官职的设置依据的原则却是天人合一。"虞师"职责,重在"以时禁发",关于时令之天人关系,在前面的选文中我们已经谈及,重视天时,即重视天的自然法则。"司空"职责,体现出天人合一的另一层含义,即人也是有能动作用的。因为天有丰年凶年,有涝有旱,提前修筑水利设施,即使"时水"过度,也能控制,也就是说即使天人有不合一之时,人类也可以通过行为来避害归利。"司田"职责,是根据土地情况告知百姓何时可以从事何种农业生产,亦是论述"时"的作用。"乡师"职责,为巡行乡里,查看具体情况,更重要的是要"以时钧修"。"工师"职责,掌管百工之事,要"审时事"而"以时钧修"。总之,所述五种官职之职责,皆务要合于时,即须做到天人合一,方能不误其事,以称其职。

修火宪[1],敬山泽林薮积草[2]。夫财之所出,以时禁发焉[3]。使民足于宫室之用,薪蒸之所积[4],虞师之事也[5]。决水潦[6],通沟渎,修障防,安水藏[7],使时水虽过度[8],无害于五谷,岁虽凶旱,有所秎获[9],司空之事也[10]。相高下,视肥硗[11],观地宜,明诏期前后[12],农夫以时均修焉[13],使五谷桑麻皆安其处,由田之事也[14]。行乡里[15],

视宫室,观树艺[16],简六畜[17],以时钧修焉[18],劝勉百姓,使力作毋偷,怀乐家室,重去乡里[19],乡师之事也。论百工,审时事[20],辩功苦[21],上完利[22],监壹五乡[23],以时钧修焉,使刻镂文采毋敢造于乡,工师之事也[24]。

右省官[25]。

——《管子·立政第四》

[1] 修:制定。火宪:防火的法令。

[2] 敬(jǐng警):通"儆",警戒,警备。薮(sǒu叟):水草丰茂的沼泽。积草:草甸子。

[3] 禁发:封禁与开发。

[4] 薪蒸:薪柴。

[5] 虞师:掌管山泽的官吏。

[6] 决:决开,排除。水潦(lǎo老):积水。

[7] 安水藏:加固水库。

[8] 时水:季节性雨水。

[9] 秎(fèn愤)获:收获。

[10] 司空:掌管水利、建筑工程的官吏。

[11] 硗(qiāo敲):贫瘠的土地。

[12] 诏期:征召服役的日期。诏,通"召"。

[13] 均修:调节,治理。

[14] 由田:掌管农业的官吏。

[15] 行:巡视。

[16] 树艺:种植,此谓树木和庄稼。

[17] 简:察看。

[18] 钧:古同"均"。

[19] 重去乡里:不轻易离开家乡。

[20] 时事:各个时节的农事。

[21] 功苦:谓事物质量的好坏。

［22］上：通"尚"，提倡，崇尚。完利：坚固适用。

［23］监壹：监督统一。

［24］工师：掌管手工业的官吏。

［25］右省官：以上为官职所司。右，古人书写从右至左，故指以上。

贵　信（节选）

〔解题〕《吕氏春秋》为秦国丞相吕不韦召集门客编纂之书，全书以道家为思想主干，融通各家思想。本文名为谈"信"，实则是谈规律。天岁地木，春风华实，环环相扣，而在因果链条上的每一环，都必然要尽己之责任，完成自己应完成的使命。这种责任和使命，以及运行的规律，被作者称之为"信"。作者引申到自然界，最后亦联系到人事，说明了人事如自然，都要守信。

天行不信[1]，不能成岁[2]。地行不信，草木不大。春之德风[3]，风不信，其华不盛[4]，华不盛则果实不生。夏之德暑，暑不信，其土不肥，土不肥则长遂不精[5]。秋之德雨，雨不信，其谷不坚[6]，谷不坚则五种不成。冬之德寒，寒不信，其地不刚，地不刚则冻闭不开[7]。天地之大，四时之化，而犹不能以不信成物，又况乎人事？

——《吕氏春秋·离俗览·贵信》

[1] 信：诚实，不欺骗。此谓遵循规律。
[2] 岁：岁时，即一年、四季。
[3] 德：事物的属性，此谓表征。
[4] 华：同"花"。
[5] 遂：成。精：精粹。
[6] 坚：坚实，谓谷粒成熟，坚实饱满。
[7] 冻闭不开：地冻得不能裂开。

奉天法古

董仲舒

〔解题〕题目系据正文所拟。董仲舒(前179—前104),广川郡(今河北省衡水市景县广川镇)人,汉代著名思想家,哲学家,政治家,代表作品为《春秋繁露》。他提出"罢黜百家,独尊儒术"的思想主张,全面阐发了"天人感应"的理论。本文论述治国须"奉天",即奉行天地自然规律,"法古",即效法古代先王之道,而"先王之遗道",也即是"天下之规矩六律",故也是奉天。所以本文即谈治国理政方面的天人合一之道。

春秋之道,奉天而法古[1]。是故虽有巧手,弗修规矩[2],不能正方员[3]。虽有察耳[4],不吹六律[5],不能定五音[6]。虽有知心[7],不览先王,不能平天下。然则先王之遗道,亦天下之规矩六律已。故圣者法天,贤者法圣,此其大数也[8]。得大数而治,失大数而乱,此治乱之分也。

——《春秋繁露·楚庄王第一》

[1] 奉天:奉行天道。法古:效法古代圣明帝王的作为。
[2] 规:画圆形的器具。矩:画方形的器具。
[3] 方员:即方圆。
[4] 察耳:听觉敏锐的耳朵。
[5] 六律:谓十二律中阳声之律。指:黄钟、大簇、姑洗、蕤(ruí)宾、

夷则、无射。

　　[6] 五音:又名五声,即宫商角徵(zhǐ 指)羽。
　　[7] 知心:明辨事理之心。知,同"智"。
　　[8] 大数:大道。

原　道（节选）

刘　勰

[**解题**]　刘勰（约465—520），字彦和，著名的文学理论家、文学批评家。曾官东宫通事舍人、步兵校尉等职，最后在定林寺出家。《文心雕龙》凡50篇，涉及文学创作论、文体论和批评论等方面。刘勰注重文学的自身发展规律、修辞方法，既关注到文章的内容形式，还强调了作者的才情涵养。同时，对文学的发展也有总结，认为文章是随时代变化而变化的。《原道》是第一篇，有开宗明义、总览全书的重要作用。刘勰认为，文源于道，是道的自然体现。天地万物都有文，即世界的绚丽多姿。人亦有文。一切万物之文，皆是自然之道，是合于天的。人是"天地之心"，是天地间最灵秀、最重要的一分子。人心有动，需要有所表达，便通过文抒发出来，也是自然之道。所以，一切的文都是道的自然体现，自然之物合于自然之理，人情之动也合于自然之理，体现出天人合一，万物为一的根本观点。

　　文之为德也大矣[1]；与天地并生者何哉？夫玄黄色杂[2]，方圆体分[3]，日月叠璧[4]，以垂丽天之象[5]；山川焕绮[6]，以铺理地之形[7]：此盖道之文也[8]。仰观吐曜[9]，俯察含章[10]；高卑定位[11]，故两仪既生矣[12]。惟人参之，性灵所钟[13]，是谓三才[14]；为五行之秀[15]，实天地之心[16]。心生而言立,言立而文明,自然之道也。

傍及万品,动植皆文:龙凤以藻绘呈瑞[17],虎豹以炳蔚凝姿[18];云霞雕色,有逾画工之妙[19];草木贲华[20],无待锦匠之奇[21]。夫岂外饰?盖自然耳。至于林籁结响[22],调如竽瑟[23];泉石激韵,和若球锽[24]:故形立则章成矣,声发则文生矣[25]。夫以无识之物,郁然有彩[26],有心之器,其无文欤!

——《文心雕龙·原道第一》

[1] 文:此谓广义之文化、学术。德:此谓"文"所独有的特点、意义。

[2] 玄黄:谓天地。玄,黑赤色,天的颜色。黄,地的颜色。色杂:谓天地未分时的状态。

[3] 方圆:古人认为天是圆的,地是方的。此谓天地。

[4] 璧:圆形玉。

[5] 垂:传布。此谓表现。丽:附着,谓日月附着在天上。

[6] 焕:有光彩。绮:一种有花纹的丝织品。

[7] 铺:陈列。理:整理得有条有理。

[8] 道之文:即"自然之道之文"。"道"即下文所言"自然之道",指万物自然具有的规律。"道之文"即自然规律形成的文。

[9] 吐曜(yào耀):发出光采,谓天上的景象。曜,光明闪耀。

[10] 含章:蕴藏着美,谓地上的风光。章,文采。

[11] 卑:低。

[12] 两仪:天地。古人认为天和地是构成宇宙的两种基本元素。

[13] 性灵:谓人的智慧。钟:聚积。

[14] 三才:天道、地道、人道。后用以泛指天、地、人。

[15] 五行:水、火、木、金、土,古人认为是构成物质的五种基本元素。

[16] 天地之心:意谓处于天地之间的人,犹如天地中的心。

[17] 藻绘:美丽的外貌。藻,文采。绘,彩画。

[18] 炳蔚:光彩动人的形式。炳,光亮。蔚,聚集,凝结。

〔19〕逾：超过。

〔20〕贲（bì 毕）：装饰。华：同"花"。

〔21〕锦匠：织锦的工匠。奇：此谓美化、加工。

〔22〕籁：孔窍所发的声音。

〔23〕竽：古代吹奏乐器，像笙，有三十六簧。瑟：古代弦乐器，像琴，有五十弦或二十五弦。

〔24〕球：玉磬（qìng 庆）。锽（huáng 皇）：钟声。

〔25〕文：此谓"声"之文，即节奏音韵之美。

〔26〕郁然：草木茂盛。此谓文采之盛。

物　色（节选）

刘　勰

〔解题〕《物色》是《文心雕龙》第四十六篇，就自然现象对于文学创作的影响，来论述文学与自然之间的关系。物色，即自然风物。第一段写人在天地间，天地自然之变化必然影响到人情人心人情之变化则自然需要不同言辞文章来表达，故物色是文学创作的源泉。第二段写如何以文辞来表现所见物色，必须根据客观事实，结合物象之变化，真实刻画，同时提出"以少总多"的原则，对后来文学创作不贵多而贵精、不尚繁复而求简洁产生了重要影响。一味铺陈而至过度，也违背了文章如实摹写物色的原则。刘勰的文学创作论和批评论认为文章的表达不得违背自然，要与自然合一，这也是天人合一理论在文学创作论和批评论上的体现。《物色》篇末的赞语，富有诗意，历来受人推崇。

春秋代序[1]，阴阳惨舒[2]，物色之动，心亦摇焉[3]。盖阳气萌而玄驹步[4]，阴律凝而丹鸟羞[5]，微虫犹或入感，四时之动物深矣。若夫珪璋挺其惠心[6]，英华秀其清气[7]，物色相召，人谁获安[8]？是以献岁发春[9]，悦豫之情畅[10]；滔滔孟夏[11]，郁陶之心凝[12]；天高气清[13]，阴沉之志远[14]；霰雪无垠[15]，矜肃之虑深[16]。岁有其物，物有其容；情以物迁，辞以情发。一叶且或迎意[17]，虫声有足引心。

况清风与明月同夜,白日与春林共朝哉!

是以诗人感物,联类不穷[18]。流连万象之际[19],沉吟视听之区[20];写气图貌[21],既随物以宛转[22];属采附声[23],亦与心而徘徊[24]。故灼灼状桃花之鲜[25],依依尽杨柳之貌[26],杲杲为出日之容[27],瀌瀌拟雨雪之状[28],喈喈逐黄鸟之声[29],喓喓学草虫之韵[30];皎日嘒星[31],一言穷理[32],参差沃若[33],两字穷形[34]:并以少总多[35],情貌无遗矣[36]。虽复思经千载,将何易夺[37]?及《离骚》代兴,触类而长[38],物貌难尽,故重沓舒状[39],于是嵯峨之类聚[40],葳蕤之群积矣[41]。及长卿之徒[42],诡势瑰声[43],模山范水[44],字必鱼贯[45],所谓诗人丽则而约言[46],辞人丽淫而繁句也[47]。

赞曰:山沓水匝[48],树杂云合[49]。目既往还,心亦吐纳[50]。春日迟迟[51],秋风飒飒[52]。情往似赠,兴来如答[53]。

——《文心雕龙·物色第四十六》

[1] 代:更替。序:次序,此谓四季的次序。

[2] 阴阳惨舒:即阴惨阳舒。阴,秋冬寒冷之时。惨,不愉快。阳,春夏温暖的时候。舒,舒畅。

[3] 摇:动摇,此谓心情受到外物的影响而波动。

[4] 萌:开始。玄驹:蚂蚁。步:走动。

[5] 阴律:谓某几种乐律,代指秋天。古代乐律分阴阳二中,以十二乐律配比于十二月,但并不是所有的阴律都属于秋冬。此处只是借用阴律之名,代阴冷的季节。丹鸟:萤火虫。羞:进食。

[6] 珪璋:玉制的礼器,古代用于朝聘、祭祀。此处泛指美玉。挺拔。惠:即"慧"。

[7] 英华:美好的花。

[8] 安:安静,谓没有受到感动。

[9] 献岁:新的一年。献:进。发春:春气发扬。

[10] 豫:安乐。

[11] 滔滔:阳气盛发貌。孟:始。

[12] 郁陶:忧闷。

[13] 天高气清:此谓秋天。

[14] 阴沉:深沉。

[15] 霰(xiàn现):雪珠。垠:边界。

[16] 矜肃:严肃。矜,庄,敬。

[17] 迎:接,引申为感触。

[18] 联:联系,联想。类:相近,相似。

[19] 流连:徘徊不忍离去。万象:各种自然现象。

[20] 沉吟:低声吟味,表研究思考。

[21] 气:谓事物的精神。图貌:描绘状貌。

[22] 宛转:曲折随顺,谓在写作中根据事物的状貌来构思。

[23] 属(zhǔ嘱):连缀。声:谓文章的音节。

[24] 徘徊:来回走动,此谓外物与内心密切联系的构思活动。

[25] 灼灼:花盛开貌。

[26] 依依:枝条轻柔貌。

[27] 杲(gǎo搞)杲:光明貌。

[28] 瀌(biāo标)瀌:雪多貌。

[29] 喈(jiē皆)喈:众鸟和鸣的声音。逐:追,此谓形容。

[30] 喓(yāo腰)喓:虫叫的声音。

[31] 皎:洁白明亮状。嘒(huì彗):微小。

[32] 言:字。

[33] 参差:不齐貌。沃若:美盛貌。

[34] 穷:尽,此谓完全表现出来。

[35] 总:综合。

[36] 情貌:神情状貌。无遗:完全表达出来。

[37] 易:更改。夺:除去。

55

[38] 长:此谓事物的引申、发展。

[39] 重沓:多。舒:伸展,即描写。

[40] 嵯峨(cuó é 搓娥):山峰高险貌。

[41] 葳蕤(wēi ruí 威甤):草木叶垂貌。

[42] 长卿:西汉辞赋家司马相如的字。

[43] 诡:不平常。势:文章的气势。瑰:奇特。

[44] 模、范:皆谓依照物象描绘。

[45] 鱼贯:所用辞藻如鱼之成行,指罗列堆砌的毛病。

[46] 则:合于规则而不过分。约:简练。

[47] 辞人:辞赋家。淫:过分。

[48] 匝(zā 咂):围绕。

[49] 合:聚、会。

[50] 吐纳:此谓抒发。

[51] 迟迟:日长而温暖,有舒缓之感。

[52] 飐:风声。

[53] 兴:谓物色引起作者产生的创作兴致。

天　论(上)

刘禹锡

〔解题〕本文开始便介绍了写作的缘起是为进一步究"天人之际",即论述天人之间的关系。《天论》有三篇,此为上篇。文章开门见山提出自己的观点:天与人交相胜。文章观点鲜明,论述清晰,主要包含以下三个层面的意思:第一,天人的关系是公平、对等的。第二,人道在法制。在提出否定天能干预人类社会的观点之后,进一步阐发了人道治乱在法制的观点。第三,人道明昧与否是将人事是否归因于天的原因。人间治乱在于法制的是否完善,法制若有松弛,则赏罚不公,是非不明。人们就会因为不能得其所宜而归因于天。

综上,作者既肯定了天的作用,也肯定了人的作用。将人与天公平对待,可以说直到今天看来仍然是非常进步的观点,对于我们今天如何认识和处理人类与自然之间的关系仍不无裨益。

世之言天者二道焉[1]。拘于昭昭者[2],则曰:"天与人实影响:祸必以罪降,福必以善来,穷厄而呼必可闻,隐痛而祈必可答,如有物的然以宰者[3]。"故阴骘之说胜焉。泥于冥冥者则曰[4]:"天与人实相异:霆震于畜木[5],未尝在罪;春滋乎堇荼[6],未尝择善。跖、蹻焉而遂[7],孔、颜焉而厄[8],是茫乎无有宰者。"故自然之说胜焉。余之友河东解人柳子厚作《天说》[9]，以折韩退之之言[10]，文信美矣[11]，盖有激而云，非所以尽天人之际[12]。故余作《天论》，以极其辩云[13]。

大凡入形器者[14]，皆有能有不能[15]。天，有形之大者也；人，动物之尤者也[16]。天之能，人固不能也；人之能，天亦有所不能也。故余曰：天与人交相胜耳[17]。其说曰：天之道在生植，其用在强弱；人之道在法制，其用在是非。阳而阜生，阴而肃杀[18]；水火伤物，木坚金利；壮而武健，老而耗眊[19]；气雄相君，力雄相长：天之能也。阳而艺树[20]，阴而揫敛[21]；防害用濡[22]，禁焚用光[23]；斩材竁坚[24]，液矿砜铓[25]；义制强讦[26]，礼分长幼；右贤尚功[27]，建极闲邪[28]：人之能也。

人能胜乎天者，法也[29]。法大行[30]，则是为公是，非为公非。天下之人，蹈道必赏[31]，违之必罚。当其赏，虽三旌之贵[32]、万钟之禄[33]，处之，咸曰宜。何也？为善而然也。当其罚，虽族属之夷[34]、刀锯之惨，处之，咸曰宜。何也？为恶而然也。故其人曰："天何预乃事邪[35]？唯告虔报本[36]、肆类授时之礼[37]，曰天而已矣。福兮可以善取，祸兮可以恶召，奚预乎天邪？"

法小弛[38]，则是非驳[39]。赏不必尽善，罚不必尽恶。或贤而尊显，时以不肖参焉[40]；或过而僇辱[41]，时以不幸参焉[42]。故其人曰："彼宜然而信然，理也。彼不当然而固然，岂理邪？天也。福或可以诈取，而祸或可以苟免。"人道驳，故天命之说亦驳焉。

法大弛，则是非易位。赏恒在佞[43]，而罚恒在直[44]。义不足以制其强，刑不足以胜其非，人之能胜天之具尽丧矣。夫实已丧而名徒存，彼昧者方挈挈然提无实之名[45]，欲抗乎言天者,斯数穷矣[46]。

故曰:天之所能者,生万物也;人之所能者,治万物也。法大行,则其人曰:"天何预人邪?我蹈道而已。"法大弛,则其人曰:"道竟何为邪?任人而已。"法小弛,则天人之论驳焉。今以一己之穷通[47],而欲质天之有无[48],惑矣!

余曰:天恒执其所能以临乎下[49],非有预乎治乱云尔[50];人恒执其所能以仰乎天,非有预乎寒暑云尔。生乎治者,人道明[51],咸知其所自[52],故德与怨不归乎天;生乎乱者,人道昧,不可知,故由人者举归乎天。非天预乎人尔!

——《刘禹锡集》卷五

[1] 道:路,方向,途径,此谓观点。句意为史上谈论天的有两种观点。

[2] 拘:拘泥,固执,此谓坚持。昭昭:明白,此谓天有意志,能明察一切。

[3] 实:确实。影响:意谓影子随着形体,回响随着声音。此处以影响比喻天与人之间的主宰与被主宰的关系。的然:确实。宰:主宰。

[4] 阴骘(zhì 至):暗中决定。泥(nì 昵):拘泥,此谓坚持。冥冥:昏暗,此谓天昏暗无知,没有意志。

[5] 霆:雷霆。畜木:牲畜和树木。

[6] 堇(jǐn 谨):一种毒草,俗称乌头。荼:一种苦菜。

[7] 跖(zhí 直):盗跖。蹻(qiāo 敲):庄蹻。遂:顺利,如意。二人皆古书记载的大盗,而皆能够顺利且长寿。

[8] 孔:孔子,名丘,春秋时期鲁国人。颜:颜回,字子渊,春秋时期鲁国人,师从孔子。厄:困厄。孔子一生为弘扬儒学而屡遭困厄,颜渊深得孔子喜爱,仁德能承道统,却早夭。

[9] 河东解(xiè 榭):解县,今陕西省永济县。

[10] 折:批驳。

[11] 信:诚然,的确。

[12] 天人之际:天道或天象与人事间相互的关系。

[13] 极：尽，达到顶点。此谓彻底。

[14] 入：进入，此谓属于。形器：有形体之物。

[15] 能：功能，职能。

[16] 尤：特异，突出。

[17] 交相：互相。

[18] 阳、阴：向日为阳，背日为阴。此谓气候的暖和冷，阳指春夏，阴指秋冬。阜生：繁茂。肃杀：凋零。

[19] 眊（mào 冒）：眼睛昏花。

[20] 艺树：种植。

[21] 揪（jiū 揪）：聚集。

[22] 濡（rú 如）：沾湿，润泽，此谓用水灌溉。

[23] 焚：火灾。

[24] 斩材：砍伐树木。窾（kuǎn 款）：挖空，此谓加工木材。

[25] 液：此谓冶炼。硎（xíng 形）：磨刀石，此谓磨制。铓（máng 芒）：锋刃，谓刀剑等利器。

[26] 制：制止。讦（jié 杰）：恶意攻击。

[27] 右：古人以右为上，此谓尊重。

[28] 极：标准，此谓法制。闲：防止。

[29] 法：法制。

[30] 大行：畅行，广为推行。

[31] 蹈：实行，遵循。

[32] 三旌（jīng 京）：三公的官位，谓太尉、司徒、司空，是唐王朝中享有最高荣誉的官职。

[33] 万钟：谓优厚的俸禄。钟，古代计量单位。

[34] 族属之夷：灭族之刑。夷，灭。

[35] 预：干预。

[36] 告虔报本：谓向天表示诚敬，报答天的恩德，此谓平时祭天的活动。虔：诚敬。本：根本，此谓天。

[37] 肆类：祭告于天的非常之祀，如新君即位、出师征伐时举行的祭天仪式。授时：谓颁布历书，把天时告诉人们。

[38] 弛:松弛。
[39] 驳:混淆,混乱。
[40] 不肖:不贤的人。
[41] 僇(lù 路):通"戮",杀。
[42] 不辜:无罪的人。辜:罪。
[43] 佞:巧言谄媚,伪善,此谓奸佞的人。
[44] 直:正直,此谓正直的人。
[45] 挈(qiè 怯)挈然:孤独状。
[46] 数:天数。
[47] 穷通:困厄与显达。
[48] 质:问明,辨别,责问。
[49] 执:以。
[50] 云尔:语气词。
[51] 人道:此谓前文所提的法制、是非标准。
[52] 自:来源,原因。

天　论(中)

刘禹锡

〔解题〕本文为《天论》中篇,假托有人质疑,通过五个问题继续解释了天人关系。

第一,是非是天人交胜的判断标准。第二,理明或理昧是相信天命与否的直接原因。第三,以"数"和"势"解释事物发生的根本原因。文中的"数"大意为事物的本质规定,即某物之为某物的根本属性。"势"则为事物的运动态势,即某物之必然表现为某种行为的根本属性。作者以此种观点说明了事物存在的必然性,即一切事件的发生皆是内因起到的根本作用。第四,天亦受制于"势"。此处论述亦表明天亦是受制于自然规律的客观存在,而非自外于规律之外的神秘体。第五,无形之物亦有"数"。

综上,此篇所论重点在事物发生之必然性,也即事物发生之内在规律,这个规律是不以任何他者的意志为转移的,包括天和人。这种将规律高于天人之上的观点,与老子之"道法自然"一脉相承,皆去掉了"天"的神秘性,而增加了朴素的认识理性,对于认识客观世界和主观世界都有重要意义。

或曰:"子之言天与人交相胜,其理微[1],庸使户晓[2],盍取诸譬焉[3]?"

刘子曰[4]:"若知旅乎[5]?夫旅者,群适乎莽苍[6],求休乎茂木,饮乎水泉,必强有力者先焉;否则虽圣且贤莫能竞也[7]。斯非天胜乎[8]?群次乎邑郛[9],求荫于华榱[10],饱于饩牢[11],必圣且贤者先焉;否则强有力莫能竞也。斯非人胜乎[12]?苟道乎虞、芮[13],虽莽苍,犹郛邑然;苟由乎匡、宋[14],虽郛邑,犹莽苍然。是一日之途,天与人交相胜矣。吾固曰:是非存焉,虽在野,人理胜也[15];是非亡焉,虽在邦,天理胜也[16]。然则天非务胜乎人者也[17]。何哉?人不幸则归乎天也。人诚务胜乎天者也。何哉?天无私,故人可务乎胜也。吾于一日之途而明乎天人,取诸近也已。"

或者曰:"若是[18],则天之不相预乎人也,信矣。古之人曷引天为[19]?"

答曰:"若知操舟乎[20]?夫舟行乎潍、淄、伊、洛者[21],疾徐存乎人[22],次舍存乎人[23]。风之怒号,不能鼓为涛也[24];流之汹洞[25],不能峭为魁也[26]。适有迅而安[27],亦人也;适有覆而胶[28],亦人也。舟中之人未尝有言天者,何哉?理明故也。彼行乎江、河、淮、海者[29],疾徐不可得而知也,次舍不可得而必也[30]。鸣条之风[31],可以沃日[32];车盖之云[33],可以见怪[34]。恬然济[35],亦天也;黯然沉[36],亦天也;阽危而仅存[37],亦天也。舟中之人未尝有言人者,何哉?理昧故也。"

问者曰:"吾见其骈焉而济者[38],风水等耳,而有沉有不沉,非天曷司欤[39]?"

答曰:"水与舟,二物也。夫物之合并[40],必有数存乎其间焉[41]。数存,然后势形乎其间焉[42]。一以沉,一以济,适当其数[43],乘其势耳[44]。彼势之附乎物而生,犹影响也[45]。本乎徐者其势缓[46],故人得以晓也;本乎疾者其势遄[47],故难得以晓也。彼江、海之覆,犹伊、淄之覆也。势有疾徐,故有不晓耳。"

问者曰:"子之言数存而势生,非天也,天果狭于势邪[48]?"

答曰:"天形恒圆而色恒青,周回可以度得[49],昼夜可以表候[50],非数之存乎?恒高而不卑,恒动而不已,非势之乘乎?今夫苍苍然者[51],一受其形于高大,而不能自还于卑小;一乘其气于动用,而不能自休于俄顷[52],又恶能逃乎数而越乎势耶[53]!吾固曰:万物之所以为无穷者,交相胜而已矣,还相用而已矣。天与人,万物之尤者耳[54]。"

问者曰:"天果以有形而不能逃乎数,彼无形者,子安所寓其数邪[55]?"

答曰:"若所谓无形者,非空乎?空者,形之希微者也[56]。为体也不妨乎物,而为用也恒资乎有[57],必依于物而后形焉。今为室庐[58],而高厚之形藏乎内也;为器用,而规矩之形起乎内也[59]。音之作也有大小[60],而响不能逾[61];表之立也有曲直,而影不能逾。非空之数欤!夫目之视,非能有光也,必因乎日、月、火炎而后光存焉。所谓晦而幽者[62],目有所不能烛耳[63]。彼狸、狌、犬、鼠之目[64],庸谓晦为幽邪?吾固曰:以目而视,得形之粗者也;以智而视,得形之微者也。乌有天地之内有无形者耶[65]?古所谓无形,盖无常形耳[66],必因物而后见耳。乌能逃乎数耶?"

——《刘禹锡集》卷五

[1] 微:微妙,深奥。

[2] 庸:用,此谓为了。

[3] 盍(hé 和):何不。譬:比喻。

[4] 刘子:作者自称。

[5] 若:你。

[6] 莽苍:无际的原野。

[7] 圣、贤:圣人和贤人,泛指品德高尚的人。竞:争胜。

[8] 天胜:天胜出。此处"天"即自然规律,不以人的意志为转移的客观存在。

[9] 次:停留。邑郛(fú 浮):泛指城市。邑是内城,郛是外城。

[10] 华榱(cuī 崔):有彩纹的屋椽,此谓华丽的房屋。

[11] 饩(xì 细)牢:泛指丰美的饭菜。饩是米粮,牢是牛羊。

[12] 人胜:人胜出。作者认为人是实行法制的,因此,圣贤位尊名显就高于普通的人,故称。

[13] 苟:假如。道:路过。虞、芮:据《史记》记载,虞、芮两个小诸侯国发生边界纠纷,两国国君去找周文王裁决。到了周地,看到当地人讲礼让,就感到惭愧,也互相礼让,不再争执了。此二地代指礼仪之邦,为人胜之国。

[14] 匡、宋:据《史记》记载,孔子游经匡地,被当地人围困数日,几乎丧命。后经宋国,桓魋(tuí 颓)怕宋景公迎接孔子而失势,带人去杀孔子。此二地代指野蛮之邦,为天胜之国。

[15] 人理:此谓法制,也是礼仪制度,为社会公认的是非标准。

[16] 天理:此谓自然之强盛弱败之法则。

[17] 务:务必,一定要。

[18] 若是:如此。

[19] 曷:怎么,为什么。为:句末语助词。

[20] 操舟:驾驶船只。

[21] 潍、淄、伊、洛:四条小河之名。潍河、淄水在今山东省,伊河、洛水在今河南省。

[22] 疾徐:快慢。

[23] 次舍:停泊与起航。舍,舍弃,此处引申为离开,起航。

[24] 鼓:掀起。

[25] 泝洄:回流,漩涡。泝(sù 诉),同"溯"。

[26] 峭:陡峭,此谓如山峰般直立而起。魁:小山丘,此处状浪峰如小山丘貌。

[27] 适:正好,恰好。

[28] 覆:谓翻船。胶:谓船只搁浅。

[29] 江、河、淮、海:四条大河之名,分别为长江、黄河、淮河、海河。

[30] 必:决定,掌握。

[31] 鸣条之风:能吹响树枝的风,此谓小风。

[32] 沃日:谓风起浪涌,遮天蔽日。沃,浇灌,此谓遮蔽。

[33] 车盖:古时车上的顶篷或伞盖。

[34] 见(xiàn陷)怪:谓发生变幻莫测的情况。见,通"现"。怪:奇异,不平常。

[35] 恬然:安然状。

[36] 黯然:心神沮丧状。

[37] 阽(diàn店):临近。

[38] 骈(pián篇阳平):并列。

[39] 司:主管,此谓主宰。

[40] 合并:结合。

[41] 数:命运,天命,此谓规律。

[42] 势:事物运动的必然趋势。

[43] 当(dàng荡):合乎,符合。

[44] 乘:顺应。

[45] 影响:影子和回响。

[46] 本:根据,此谓根据不同的数。

[47] 遽(jù巨):急。

[48] 狭:窄,此谓制约。

[49] 周回:此谓春夏秋冬四时周转回环。度:谓春夏秋冬的变化是有一定的度量和界限的。

[50] 表:即日晷(guǐ鬼),按照日影测定时刻的仪器。候:观察。

[51] 苍苍然:苍茫无际状,此谓青天。

[52] 俄顷:片刻。

[53] 恶(wū乌):怎么。

[54] 尤:特异的,突出的。

[55] 安:何。寓:寄托。

[56] 希微:细微。

[57] 资:凭借,借助。

[58] 室庐:房屋。

[59] 规矩:谓圆和方。规,画圆形的器具。矩,画方形的器具。

[60] 作:发作。

[61] 逾:超越。

[62] 晦:昏暗不明。幽:光线暗。

[63] 烛:照见,此谓看见。

[64] 狌(shēng生):同"鼪",黄鼠狼。

[65] 乌:何,哪里。

[66] 常形:一定的形状。

天　论(下)

刘禹锡

〔解题〕本文为《天论》下篇。对于有人关于前文学说是否有所来源的提问,作者回答说,自己的观点并非来自成说,而是通过自然逻辑的推理。并且以写尧舜之书开头讲"稽古",而写幽厉之诗开头讲"上帝",暗含着开明法制的人类社会根本不会凡事言天,反而是法制不明的昏暴乱世,才会凡事必言上天意志。文章继续有力地否定了天能干预人事的观点,闪烁着人本的光芒。

或曰:"古之言天之历象[1],有宣夜、浑天、《周髀》之书[2],言天之高远卓诡[3],有邹子[4]。今子之言有自乎[5]?"

答曰:"吾非斯人之徒也。大凡入乎数者,由小而推大必合,由人而推天亦合。以理揆之[6],万物一贯也。今夫人之有颜、目、耳、鼻、齿、毛、颐、口[7],百骸之粹美者也[8],然而其本在夫肾、肠、心、腹;天之有三光、悬宇[9],万象之神明者也[10],然而其本在乎山川五行[11]。浊为清母,重为轻始[12]。两仪既位[13],还相为庸[14],嘘为雨露[15],噫为雷风[16]。乘气而生,群分汇从,植类曰生,动类曰虫。倮虫之长[17],为智最大,能执人理,与天交胜,用天之利,立人之纪[18]。纪纲或坏[19],复归其始。

尧舜之书[20],首曰'稽古[21]',不曰稽天;幽、厉之诗[22],首曰'上帝',不言人事。在舜之廷,元凯举焉[23],曰'舜用之',不曰天授;在殷高宗[24],袭乱而兴,心知说贤[25],乃曰'帝赍[26]'。尧民之余[27],难以神诬;商俗以讹[28],引天而驱[29]。由是而言,天预人乎?"

——《刘禹锡集》卷五

[1] 历:推算年月日和节气的方法。象:观察天体运行的图形。

[2] 宣夜、浑天、《周髀》:中国古代三种关于天的历象学说。宣夜认为:天体是元气构成的,日月星辰飘浮在空中,动和静都依靠元气。浑天认为:天和地都是圆的,天像蛋壳在外,地像蛋黄在内。《周髀》即《周髀算经》,是盖天说的代表作。认为:天圆地方,天像伞盖在上,地像棋盘在下。

[3] 卓诡:奇特,怪异。

[4] 邹子:即邹衍,战国时期阴阳家的代表,创立了"五行学说"和"五德终始说"。

[5] 自:来源,根据。

[6] 揆(kuí葵):推论。

[7] 颜:额。毛:须发。颐:面颊。

[8] 百骸(hái孩):谓人的整个形体。粹:精华。

[9] 三光:谓日、月、星辰。悬宇:高悬的太空。

[10] 神:微妙。

[11] 五行:水、火、木、金、土,古人认为是构成物质的五种基本元素。

[12] 浊、重:泛指浑浊、粗重的物质。此谓人的肾、肠、心、腹和自然界的山川、五行。清、轻:泛指清明、轻微的物质。此谓人的颜、目、耳、鼻、口和自然界的三光和太空等。

[13] 两仪既位:谓天地已经形成。两仪,谓天地。既,已经。位,居于其位,此谓形成。

[14] 庸:用,作用。

[15] 嘘:缓慢地吐气。

[16]噫(yī 伊):急剧地吐气。

[17]倮(luǒ 裸)虫之长:谓人类。倮虫,古时对没有羽毛、鳞甲动物的总称。

[18]纪:法纪。

[19]纪纲:法纪的总纲,谓法制。

[20]尧舜之书:谓《尚书》中的《尧典》《舜典》。书中一开始就说:"曰若稽古帝尧""曰若稽古帝舜"。

[21]稽(jī 机)古:考察古代历史。稽,考察。

[22]幽厉之诗:谓《诗经》中的《小雅·苑柳》及《大雅·板》。前者是讽刺周幽王的,后者是讽刺周厉王的。幽王和厉王是西周末期两个昏暴的国君。

[23]元凯:泛指有才德的人。据《史记》记载,舜时举用了八元、八凯等有才德的人。

[24]殷高宗:殷朝第二十二代国君武丁。

[25]说(yuè 悦):即傅说。据《史记》记载,殷高宗武丁夜梦一个叫"说"的贤人,就派人四处寻找,终于在"傅险"找到了他,于是命名"傅说",用为宰相。

[26]乃:却。赉(lài 赖):赏赐。

[27]尧民之余:谓尧时的遗民。

[28]商俗已讹:谓商朝巫觋的风气盛行。

[29]驱:驱使。

外师造化,中得心源

张　璪

〔**解题**〕张璪,唐代书画家,喜用破墨法,善画松石。所谓"外师造化",即艺术(张璪原指绘画)创作要师法大自然的运行规律;所谓"中得心源",即艺术创作同时要遵从心性本源之理。这里所谓造化,是包括原始自然以及人所处之人化的大自然的。天地万物,皆造化所致,包括自然界和人类社会,惟其如此,"外师造化"不仅意味着艺术创作来源于现实生活,而且意味着现实生活包含自然的现实和人世的现实,这里面已经隐含着自然的人化和人的自然化的合二而一。尤其重要的是,几乎包蕴所有的"外师"之道,其本身就意味着"中得心源",对于如是之"心源"的追寻,绝非封闭心灵的"内向求索",也绝非主观世界与客观世界一分为二这种思维方式主导下的彼此结合,而是建立在"心性本源的生成来自万物造化之理"的核心理念。

外师造化[1],中得心源[2]。

——张彦远《历代名画记》卷十

[1] 造化:自然界的创造者。亦谓自然。
[2] 心源:犹心性。佛教视心为万法之源,故称。

君子爱夫山水

郭 熙

[解题] 题目系据正文所拟。郭熙,字淳夫,河阳温县(今河南省温县)人,官至翰林待诏直长,北宋中期著名画家,绘画理论家。其《林泉高致》一书,为山水创作理论专著,多有真知灼见。所谓《山水训》篇,旨在阐述山水画创作之价值与方法。本文所选,写人们喜爱山水画之原因,而其中心意思,恰在"不下堂筵,坐穷泉壑"四字。此前的"常处""常乐""常亲""常厌"以及"常愿而不得见",讲的是"人情之常",然后在"梦寐在焉,耳目断绝"处语义一转,道出了山水画帮助人们实现了"林泉梦想"的实质,可谓阐述得法,形象生动。

君子之所以爱夫山水者[1],其旨安在?丘园养素[2],所常处也;泉石啸傲[3],所常乐也;渔樵隐逸[4],所常适也;猿鹤飞鸣,所常亲也;尘嚣缰锁[5],此人情所常厌也;烟霞仙圣[6],此人情所常愿而不得见也。

然则林泉之志,烟霞之侣,梦寐在焉,耳目断绝[7]。会得妙手郁然出之[8],不下堂筵[9],坐穷泉壑[10];猿声鸟啼,依约在耳[11];山光水色,滉漾夺目。此岂不快人意,实获我心哉?此世之所以贵夫画山水之本意也。不此之主而轻心临之[12],岂不芜杂神观[13],溷浊清风也哉[14]!

——《林泉高致·山水训》

［1］君子:谓才德出众的人。山水:山水画的简称。

［2］丘园:谓隐居之处。

［3］泉石:谓山水。啸傲:放歌长啸,傲然自得,谓行为旷达,不受世俗礼法拘束,多状写隐士生活。

［4］渔樵:打鱼砍柴,借指隐居。

［5］尘嚣:尘世的烦嚣。缰锁:缰绳和锁链。喻指束缚,拘束。

［6］烟霞:烟雾和云霞,多借指仙境。仙圣:道家对得道成仙者或神仙的尊称。

［7］耳目断绝:听不见,看不到。

［8］郁然:本指树木等繁盛貌,此谓充分表现。

［9］堂筵:殿堂。

［10］坐穷泉壑:谓坐在家中便能看尽山水胜景。

［11］依约:仿佛,隐约。

［12］不此为主:不以此为主。临之:临摹,此谓作画。

［13］神观:谓精神容态。

［14］溷(hùn 混):污秽,混乱。

身即山川以画山水

郭 熙

〔解题〕题目系据正文所拟。文章写"真山水"四时不同之云烟气象。郭熙论山水,既有对山水美好之赞叹,又兼创作山水画作之心法传达。此文写云气与烟岚之变幻皆生动而富有情感,极具感染力。依四时之变化,写山水之精神,意味着人与自然世界同呼吸、共命运,如此而成的对自然美的真实写照,也是最富审美情感的。

真山水之云气四时不同[1]:春融怡[2],夏蓊郁[3],秋疏薄[4],冬黯淡[5]。……真山水之烟岚四时不同[6]:春山澹冶而如笑[7],夏山苍翠而如滴,秋山明净而如妆,冬山惨淡而如睡。

——《林泉高致·山水训》

[1] 云气:云为水气凝结而成,故称。
[2] 融怡:暖和。
[3] 蓊(wěng 翁上声)郁:草木茂盛貌。
[4] 疏薄:稀薄。
[5] 黯淡:阴沉,昏暗。
[6] 烟岚:山林间蒸腾的雾气。
[7] 澹冶:淡雅明丽。

天生万物各得其所

吕祖谦

〔解题〕题目系据正文所拟。吕祖谦(1137—1181),字伯恭,世称"东莱先生",婺州(今浙江金华)人。南宋著名理学家。所谓"天生万物各得其所",讲的既是自然秩序,也蕴含有人类社会各尽其能之意。在吕祖谦看来,天理是世界的最高哲学范畴,而天理世界则应是兼容的,而非同一的。若皆是同一,则世间只有人,只有虎狼,只有鱼龙,世界不成其为丰富的世界。

大凡天生万物,不无善恶,要之欲各得其所。如城邑市井则人居之[1],山林薮泽虎狼居之[2],江海沮洳鱼龙居之[3],而各得其所,故谓之兼容。

——《丽泽论说集录》

[1] 城邑:城市,都邑。市井:街市。
[2] 薮(sǒu 叟)泽:水流汇聚之处。薮,水草丰茂的沼泽。
[3] 沮洳(jù rù 巨入):低湿的地带。

天 大 无 外

吕祖谦

〔**解题**〕 本文选自《东莱博议》之"鲁饥而不害"条,题目系据正文所拟。吕祖谦与其他理学家相比,强调"天理",所言"天者人所不能外""天大无外"并非单指人处在天之覆盖之下,因为那反是他所批评的"世俗之说"。依照世俗之说,一切吉凶预兆皆归咎于天,吕祖谦认为这是不符合客观实际的,并举例汤与秦之治乱而时逢天之乱治,两者并不一致,以此而否定了天人感应的粗陋之说。吕氏所谓"天大无外",指的是人事皆逃不出天理。天自运行,人自行事,人并不会凡事都是与天相商或因感应而为,但却要合于天,即合乎天理,也就是和后自然运行规律。按吕氏观点,天人合一并非机械的要求人必须感应于天而行事,或者天的征兆预示人间吉凶,而是凡人之行事莫非在天理之内,所以叫做"天大无外"。

天者人之所不能外也。世之论天者,何其小耶?日月星辰之运[1],则付之天;灾祥妖孽之变[2],则付之天;丰歉疠疫之数[3],则付之天:若是者皆非人之所能为。吾知崇吾德[4],修吾政而已;彼苍苍者[5],吾乌知之哉[6]?以汤之时而天旱,天与汤未尝相参也,当是时天乱而汤治;以秦之暴而天稔[7],天与秦未尝相参也,当是时天治而秦乱。天自旱之,汤自养之;天自稔之,秦自暴之,天与人曷尝相预耶？自世俗之说行,天人始离而不合矣。

抑不知天大无外,人或顺或违,或向或背,徒为纷纷,亦未尝有出于天之外者也。顺中有天,违中有天,向中有天,背中有天,果何适而非天耶？

——《东莱博议》卷三

[1] 运:运行,运转。
[2] 妖孽:怪异、凶恶的事物或预兆。变:出现异常的自然现象。
[3] 丰歉:丰收与歉收。疠(lì厉)疫:瘟疫。数:天命。
[4] 崇:增长。
[5] 苍苍:无边无际,空阔辽远。
[6] 乌知:哪里知道。
[7] 暴:凶暴,谓暴政。稔(rěn忍):丰年。

三见山水

青原惟信

〔解题〕 本文选自《五灯会元》"南岳下十三世上"条,题目系据正文所拟。《五灯会元》为宋代杭州灵隐寺普济禅师编辑成卷,禅宗以"灯"比喻佛法,谓灯能照除黑暗,且心法相传,谓之灯灯相传。"五灯"系五部禅宗灯录。本文所选为青原惟信禅师的语录。此文可谓认识世界的三个阶段。山水为自然世界的代称,第一阶段,"见山是山,见水是水"可谓认识的现象阶段,也即"名"的阶段,即对于自然世界的名的对号入座。而真正的认知,需进一步去了解。第二阶段,"见山不是山,见水不是水",则是认识的本质阶段。透过现象了解本质,发现现象并非本质的全部,所以有见山水而不是山水之感。这也是透过"名"来见"实"的阶段。第三阶段,"见山还是山,见水还是水",就是透过本质对现象的再认识阶段。即由现象探知本质,并回归现象本身。这里的三段论,形象说明了认识世界的三个阶段,非独禅宗,对于每个人都有深刻的指导意义。

老僧三十年前未参禅时[1],见山是山,见水是水。及至后来,亲见知识,有个入处。见山不是山,见水不是水。而今得个休歇处,依前见山只是山,见水只是水。

——普济编《五灯会元》卷十七

[1] 老僧:此为吉州(今属江西吉安)青原惟信禅师自称。

墨 竹 赋

苏　辙

〔**解题**〕苏辙(1039—1112),字子由。嘉祐二年,登进士第。散文风格淳朴,为唐宋八大家之一。此文通过客人与文与可对答的形式,阐述了艺术如何如实表现现实的问题。文与可画竹非常迅速,且既有形似之真,又有神似之妙。客人疑问是如何做到的。文与可的回答其实讲到艺术如何如实表现现实的三个问题:第一,艺术的表现既要形似,又要神似,缺一不可;第二,艺术家要想做到神形俱肖地表现现实,必须深入现实,深切体察自然世界;第三,文与可"所好者道",与客人所悟的"万物一理",都说明了艺术创作需要顺应自然规律,只要顺应了自然规律,即"道",也就掌握了艺术表现的根本之道。文中没有提,但其实还暗含着一点,即艺术作品能够如实表现现实,还需要技法的精研。脱离技法的精研而空谈根本之道,本身就是背道而驰。当然,本文重在反映作品如实表现"造化",所以强调"道"。而文与可所言物我两忘时"悦之而不自知"的状态,则正是艺术创作过程中的最好状态。

与可以墨为竹[1],视之良竹也。客见而惊焉,曰:"今夫受命于天,赋形于地。涵濡雨露[2],振荡风气。春而萌芽,夏而解弛[3]。散柯布叶,逮冬而遂。性刚洁而疏直,姿婵娟以闲媚。涉寒暑之徂变[4],傲冰雪之凌厉。均一气于草木,嗟壤同而性异。信物生之自然,虽造化其能使。今子研青松之煤[5],运脱兔之毫[6]。睥睨墙堵[7],振洒缯绡[8]。须臾而成,郁乎萧骚[9]。曲直横斜,秾纤庳高[10]。窃造物之潜思,赋生意于崇朝[11]。子岂诚有道者邪?"

与可听然而笑曰[12]:"夫予之所好者道也,放乎竹矣。始予隐乎崇山之阳,庐乎修竹之林[13],视听漠然,无概乎予心。朝与竹乎为游,莫与竹乎为朋。饮食乎竹间,偃息乎竹阴[14]。观竹之变也多矣。若夫风止雨霁,山空日出。猗猗其长[15],森乎满谷。叶如翠羽[16],筠如苍玉[17]。澹乎自持,凄兮欲滴。蝉鸣鸟噪,人响寂历[18]。忽依风而长啸,眇掩冉以终日[19]。笋含箨而将坠[20],根得土而横逸。绝涧谷而蔓延,散子孙乎千亿。至若丛薄之余[21],斤斧所施。山石荦埆[22],荆棘生之。搴将抽而莫达[23],纷既折而犹持。气虽伤而益壮,身已病而增奇。凄风号怒乎隙穴,飞雪凝冱乎陂池[24]。悲众木之无赖,虽百围而莫支。犹复苍然于既寒之后,凛乎无可怜之姿。追松柏以自偶,窃仁人之所为,此则竹之所以为竹也。始也余见而悦之,今也悦之而不自知也。忽乎忘笔之在手与纸之在前,勃然而兴,而修竹森然。虽天造之无朕[25],亦何以异于兹焉?"

客曰:"盖予闻之,庖丁解牛者也[26],而养生者取之。轮扁斫轮者也[27],而读书者与之。万物一理也,其所从为之者异尔。况夫夫子之托于斯竹也,而予以为有道者则非耶?"与可曰:"唯,唯[28]。"

——《苏辙集》卷十七

[1] 与可:文同(1018—1079),字与可,号笑笑居士、笑笑先生。梓潼郡永泰县(今属四川绵阳市)人。北宋画家,善画竹。

[2] 涵濡(rú 如):润泽,沉浸。

[3] 解弛:解散松弛,此谓竹笋外皮脱落,开始长成竹子。

[4] 徂变:往来变化。徂:逝去。

[5] 青松之煤:墨由松烟制造,故称。

[6] 脱兔之毫:笔由兔毫制造,故称。

[7] 睥睨墙堵:谓漫不经心看着作画的墙壁。睥睨,眼睛斜着看,高傲貌。

[8] 振洒缯绡:谓在绢帛上尽情挥洒作画的样子。缯绡:泛指绢帛之类。

[9] 郁乎:谓物纷繁茂盛貌。萧骚:状写风吹竹叶发出的声音。

[10] 秾纤:肥瘦。庳(bēi 杯):矮。

[11] 生意:谓生命力。崇朝:谓从天亮到早饭前的一段时间,喻指时间短暂。

[12] 听然:微笑貌。

[13] 庐:本意茅舍,此谓结庐。

[14] 偃息:休养,歇息。

[15] 猗猗:美盛貌。

[16] 翠羽:翠鸟的羽毛,青绿色而有光泽。

[17] 筠(yún 云):竹子的青皮。

[18] 寂历:寂静空旷。

[19] 眇:同"渺",远,高。掩冉:状偃倒貌。

[20] 箨(tuò 唾):笋壳。

[21] 丛薄:草木丛生。

[22] 荦埆(luò què 落确):怪石嶙峋貌。

[23] 蹇(jiǎn 简):艰难。

[24] 凝冱(hù 互):水冻结成冰。陂池:池塘。

[25] 无朕:没有迹象或先兆,此谓天地造物之自然。朕,征兆,迹象。

[26] 庖丁解牛:事见本书《庖丁解牛》。

[27] 轮扁斫轮:事见本书《轮扁斫轮》。

[28] 唯:答应的声音。

天人异形,所继惟道

王夫之

[**解题**] 题目系据正文所拟。王夫之(1619—1692),字而农,号姜斋,世称"船山先生",衡州府衡阳县(今湖南省衡阳)人,明清之际著名思想家。《尚书引义》为船山先生据《尚书》而生发思想的著作,对天人观有所涉猎。选文阐述了天人各有其职,天人合一而非天人同一,因为天人"异形离质",本非外在形态上的同一,两者所以互通,是因为同归于"道"。这既强调了天人的相同性,也强调了相异性,且探讨了天人之合一处。船山先生以父子比拟天人,认为人法天并非亦步亦趋,而是要遵从道。此道可通释为自然规律,但"道"虽为一,但却蕴含了两个层面的意思。即天应该顺应天道而运行,人应该顺应人道而进退。天道和人道是不一致的,但其相类通的内核则皆是道。所以道是高于天人的一个更高客观存在,而非人须亦步亦趋效法天的谶纬集合。且文中更强调了人的重要性,这不仅在对待自然之天的"天"上,也面对代表最高统治者的"天"上。所以此论具有人民性,有进步意义。

天之化裁人[1],终古而不测其妙;人之裁成天,终古而不代其工。天降之衷,人修之道:在天有阴阳,在人有仁义;在天有五辰,在人有五官。形异质离[2],不可强而合焉。所谓肖子者,安能父步亦步,父趋亦趋哉?父与子异形离质,而所继者惟志。天与人异形离质,而所继者惟道也。天之聪明则无极矣[3],天之明威则无常矣[4]。从其无极而步趋之,是夸父之逐日,徒劳而速毙也。从其无常而步趋之,是刻舷之求剑,惛不知其已移也。

——王夫之《尚书引义·皋陶谟》

[1] 裁:裁决,判断。
[2] 形异质离:外形不同,内质乖离,谓从内到外皆不同。离,乖离。
[3] 聪:听,谓听取意见。明:视,谓观察问题。
[4] 明威:恩赏刑罚。

依天立命,天人一理

王夫之

〔解题〕题目系据正文所拟。天人合一,究竟合在什么地方,这是诸多哲学家要解决的问题。王夫之此文则写天人合一便合在一个"理"字。此"理"亦是超越于天人之上,而弥漫其间的规律,天不可违背,人亦需要遵守,所以在此合一。此"理"当然在规律的范畴,但又有其逻辑脉络,即因为看了听了自然才有可能听得清看得明,因为看得清听得明了自然才知道什么是好什么是坏,因为知道了什么是好什么是坏自然心生喜爱与憎恨之情。此外,王夫之此文依然论述以民为主,论天实在是为民说话。

盖天显于民,而民必依天以立命,合天人于一理。天者,理而已矣。有目而能视,有耳而能听,孰使之能然?天之理也。有视听而有聪明[1],有聪明而有好恶,有好恶而有德怨,情所必逮[2],事所必兴矣,莫不有理存焉。故民之德怨,理所察也,谨所恶以亶聪明者所必察也[3]。

——王夫之《尚书引义·泰誓中》

[1] 视听:耳目。聪明:天资灵敏,理解能力强。
[2] 逮:到,及。
[3] 亶(dǎn胆):实在,诚然。

混沌里放出光明

石 涛

〔解题〕 石涛(1642—1708),原姓朱,名若极,广西桂林人。别号大涤子、清湘老人、苦瓜和尚、瞎尊者,法号有元济、原济等。《苦瓜和尚画语录》是石涛论画的名作。此文论笔墨创作过程中如何破除混沌而表现自然世界。所谓"混沌",则是笔墨初交,若无绘画根本之法,则一团水墨氤氲,不异于开天辟地之初的混沌世界。而破除混沌之法则是石涛在该书中所倡导的"一画"。作画时将一以贯之的精神贯注到笔墨中,则画作自然活了起来,"笔锋下决出生活,尺幅上换去毛骨,混沌里放出光明"。所谓光明,是指传说中天地开辟以见光明,在这里也可代指文明的曙光,具体到绘画艺术,乃是指笔下形象灌注天地人文之精神。石涛论画之理,不框束于作画本身,由画理一路推演开来,自是"天下之能事毕矣"。

笔与墨会,是为缊[1]。缊不分,是为混沌。辟混沌者,舍一画而谁耶?画于山则灵之,画于水则动之,画于林则生之,画于人则逸之。得笔墨之会,解缊之分,作辟混沌手,传诸古今,自成一家,是皆智得之也。不可雕凿[2],不可板腐,不可沉泥[3],不可牵连,不可脱节,不可无理。在于墨海中立定精神[4],笔锋下决出生活,尺幅上换去毛骨,混沌里放出光明。纵使笔不笔,墨不墨,画不画[5],自有我在。盖以运夫墨,非墨运也[6];操夫笔,非笔操也[7];脱夫胎,非胎脱也[8]。自一以分万,自万以治一[9];化一而成绵缊,天下之能事毕矣[10]。

——《苦瓜和尚画语录》

[1] 绵缊(yīn yūn 因晕):原谓天地阴阳二气交互作用的状态,此谓笔墨交互之态。

[2] 雕凿:刻意修饰。

[3] 沉泥:沉滞拘泥。

[4] "在于"句:谓画者需要在笔墨之间树定自己的精气神,即作画要由心运转,先立定精神,方可笔墨由混沌中变化出万般世界来。

[5] 笔不笔,墨不墨,画不画:谓纵使自己用笔、用墨、作画皆不合于常规之法。

[6] "盖以"二句:谓作画之时,为我运墨,而非我为别家用墨之法所役使。

[7] "操夫"二句:谓作画之时,为我运笔,而非我为别家用笔之法所役使。

[8] "脱夫"二句:谓画作如十月怀胎,应是自然分娩之成熟之作,而非生硬从腹中堕胎之夭折之作。

[9] "自一"二句:谓画作皆由一画而来,可成万象,而画中万象皆合于一画。

[10] 能事:难能之事。

以万物为师

邹一桂

〔**解题**〕题目系据正文所拟。邹一桂(1686—1772),字原褒,号小山,江苏无锡人。清代画家,善花卉。选文阐明绘画以自然万物为师的道理,与张璪"外师造化,中得心源"说有传承关系。但邹一桂强调"以生机为运",正是他的理论新贡献所在。万物之所以生机勃勃的自然生机,呈现着自然规律却又不等于自然规律,因为它是普遍自然规律的生动个性显现。关于如何师法的方法论问题,邹一桂的解答是"谛视而熟察",即仔细而认真地观察,这如同朱熹所讲的"格物",即深切感知万物存在变化之所以然,其间"熟察"之所谓"熟"字,万万不可放过。由生疏而熟悉,犹如与人相处而亲密无间,又因其亲密无间而知晓其性情喜好,最终抵达"造物在我"的理想境界。也就是说,待了然对象而后落笔,就如同造物主造物一般了。选文虽短,却将艺术创作的规律和方法阐发得淋漓尽致。

今以万物为师,以生机为运[1],见一花一萼,谛视而熟察之[2],以得其所以然,则韵致丰采,自然生动,而造物在我矣。

——《小山画谱》

[1] 生机:生命力,活力。
[2] 谛视:仔细观看。

题画文·竹(其二)

郑 燮

[解题] 郑燮(1693—1765),字克柔,号板桥,江苏兴化人。乾隆元年(1736)进士,曾官河南范县、山东潍县县令,有政声,后主要客居扬州,以卖画为生,"扬州八怪"之一。恃才傲物,桀骜不驯,善画兰、竹、石,以抒胸中不平之气。此段题竹文写出画竹时竹之三种状态:眼中之竹,胸中之竹,手中之竹。眼中之竹是自然之竹,胸中之竹是意中之竹,是连接自然之竹与画中之竹的桥梁,手中之竹则是画中之竹。这也道出了艺术创作的三个阶段以及循序而进的彼此关系。但郑板桥此番议论的高明处,并不在三种状态的区分,而在于特别指出后一个阶段对前一个阶段的超越式否定,此即"不是"二字的艺术辩证法秘密。

  江馆清秋[1],晨起看竹,烟光日影露气,皆浮动于疏枝密叶之间,胸中勃勃遂有画意[2]。其实胸中之竹,并不是眼中之竹也。因而磨墨展纸,落笔倏作变相,手中之竹又不是胸中之竹也。总之,意在笔先者,定则也;趣在法外者[3],化机也。独画云乎哉!

——《郑板桥集》

[1] 江馆:江边馆舍。

[2] 勃勃:旺盛貌。

[3] 趣在法外:谓画竹突破胸中原有之竹意,而意外生发的趣味。

造境与写境

王国维

〔**解题**〕 题目系据正文所拟。王国维(1877—1927),字静安,晚号观堂,谥忠悫。浙江省海宁人。本文所述理想主义和写实主义两种文学流派的主要区别在造境和写境。造境偏重于想象和虚构,写境偏重于模仿和写实。这是一般的分类方法和一般理论的观点。但在王国维看来,这两种分法其实并不合宜,至少并不准确,因为真正优秀的作家,无论是想象还是虚构,都一定基于自然和现实,而所谓摹写现实,也一定加入了个人主观的想象和虚构。上述道理,世人已讲过千百遍,丝毫没有新鲜感了。不过,有一点还是值得提醒人们留意的,那就是"合乎"与"邻于"之间的语义差别:所造之境,必合乎自然,确有"师法自然"的意思,颇有理想主义最终也是写实主义的味道;所写之境,必邻于理想,这是相邻的意思,带有差异性并存的味道,颇有写实主义可以和理想主义相邻而居的言外之意;如此一来,整体倾向上是不是有点偏向于写实呢?

有造境,有写境,此理想与写实二派之所由分。然二者颇难分别。因大诗人所造之境,必合乎自然,所写之境,亦必邻于理想故也。

——《人间词话》

有我之境与无我之境

王国维

〔解题〕题目系据正文所拟。"有我之境"与"无我之境"是观物方式不同带来的境界差别。"有我之境",是以人的主观意识来观照自然之景物,如此描写的意象分明是人的情感的写照。所谓"无我之境",是指作家在观物时,眼睛如同照相机,只在体察景物之起伏变化,而不投射个人情感意识于其上。实际上,纵然是无我之境,也必然有个我的存在,即便是忘我之我,也只是这种主观情趣趋向于恬淡平和而已。王国维不仅揭示了两者之区别,同时又论及如何实现的问题,称有我之境生成于动之静时,无我之境生成于静中。此处动与静,指人之情感意识之起伏动止。心情起伏而观物,则物亦起伏,或本不起伏,见物辄起伏,总有强烈主观意识在,为有我之境。而无我之境则观物前后皆心平气和。王国维所论述的有我之境与无我之境这对范畴,即世人在观察世间自然万物的方式不同罢了,人终究处于自然之中,观物时投射主观意识与否,是由人与自然之间的关系所决定的,这种理论上的划分,自有其价值和意义,但不可胶柱鼓瑟。

有有我之境,有无我之境。"泪眼问花花不语,乱红飞过秋千去"[1],"可堪孤馆闭春寒,杜鹃声里斜阳暮"[2],有我之境也。"采菊东篱下,悠然见南山"[3],"寒波澹澹起,白鸟悠悠下"[4],无我之境也。有我之境,以我观物,故物皆着我之色彩。无我之境,以物观物,故不知何者为我,何者为物。古人为词,写有我之境者为多,然未始不能写无我之境,此在豪杰之士能自树立耳。

无我之境,人惟于静中得之。有我之境,于由动之静时得之。故一优美,一宏壮也。

——《人间词话》

[1]"泪眼"二句,出自宋代词人欧阳修《蝶恋花》:"庭院深深深几许?杨柳堆烟,幕帘无重数。玉勒雕鞍游冶处,楼高不见章台路。　雨横风狂三月暮。门掩黄昏,无计留春住。泪眼问花花不语,乱红飞过秋千去。"

[2]"可堪"二句,出自北宋词人秦观《踏莎行》:"雾失楼台,月迷津渡。桃源望断无寻处。可堪孤馆闭春寒,杜鹃声里斜阳暮。　驿寄梅花,鱼传尺素。砌成此恨无重数。郴江幸自绕郴山,为谁流下潇湘去?"

[3]"采菊"二句:出自东晋诗人陶渊明《饮酒》(其五):"结庐在人境,而无车马喧。问君何能尔,心远地自偏。采菊东篱下,悠然见南山。山气日夕佳,飞鸟相与还。此中有真意,欲辨已忘言。"

[4]"寒波"二句:出自金元诗人元好问《颍亭留别》:"故人重分携,临流驻归驾。乾坤展清眺,万景若相借。北风三日雪,太素秉元化。九山郁峥嵘,了不受陵跨。寒波澹澹起,白鸟悠悠下。怀归人自急,物态本闲暇。壶觞负吟啸,尘土足悲咤。回首亭中人,平林淡如画。"

出入宇宙人生

王国维

〔解题〕本文题目系编注者据正文所拟。王国维以"出入说"阐说文学创作者在创作时对于宇宙人生所应该持有的态度。所谓入乎其内,是指创作者只有深入自然,深入生活,方能发现写作题材,才能有真切感受和深刻认识;所谓出乎其外,是指创作者的创作一定要有所超越,即文学来源于生活而高于生活。一个作家如果一味闭门造车,作品必然不真实,也自然不能感染人。世界上一些伟大的作品,作者都有着丰富的生活经验。然而,仅只熟悉生活而作自然写照,缺乏看透本质的深刻眼光和跳出局部的广阔视野,又岂能发挥文艺作品塑造世人灵魂的伟大作用呢?

诗人对宇宙人生,须入乎其内,又须出乎其外。入乎其内,故能写之;出乎其外,故能观之。入乎其内,故有生气;出乎其外,故有高致。美成能入而不能出[1];白石以降[2],于此二事皆未梦见。

——《人间词话》

[1] 美成:周邦彦(1056—1121),字美成,号清真居士,北宋著名词人。
[2] 白石:姜夔(1154—1221),字尧章,号白石道人,南宋著名词人。以降:以下,以后。

民 胞 物 与

泰　誓（节选）

〔**解题**〕题目系据正文所拟。《尚书》，为上古之书，记录中国自尧舜至夏商周的重要言语与事迹。周武王十三年（前1048）正月二十八日，武王于孟津大会诸侯并誓师，是为《泰誓》。泰，为太，大的意思，即大会而誓言之意。共三篇，本文节选上、中两篇。武王将伐纣视为上帝赋予的天命。在他的言语体系中，天地万物也是一体的，天地是万物（当然包含人）的父母，而人是万物之中最灵的，上天遴选聪明贤达之士作为首领，作百姓的父母。而商王的罪责是上不敬天，下不惠民，残暴荒淫。武王自己与父亲文王则是受命于天，联合友邦，勠力讨贼，并将诛商视为天命，若不如此就将与商同罪。虽然周武王将天命视为上天指令，但仍然重视了百姓的利益诉求。"天视自我民视，天听自我民听"。认为天之判断（视听）完全来自于人民的判断（视听），这种表现出强烈民本意识的话语，出现在中国上古时代，是非常珍贵的思想遗产。"民之所欲，天必从之"，这里的核心价值观，是不是可以提炼为"天民合一"！

泰　誓　上（节选）

惟十有三年春，大会于孟津。

王曰："嗟！我友邦冢君[1]，越我御事庶士[2]，明听誓[3]。惟天地万物父母，惟人万物之灵。亶聪明[4]，作元后[5],元后作民父母。今商王受[6],弗敬上天,降灾下民。沉湎冒色[7],敢行暴虐,罪人以族[8],官人以世[9],惟宫室、台榭[10]、陂池[11]、侈服[12],以残害于尔万姓。焚炙忠良[13],刳剔孕妇[14]。皇天震怒,命我文考[15],肃将天威,大勋未集[16]。肆予小子发[17],以尔友邦冢君,观政于商[18]。惟受罔有悛心[19],乃夷居弗事上帝神祇[20],遗厥先宗庙弗祀[21]。牺牲粢盛[22],既于凶盗[23]。乃曰:'吾有民有命[24]。'罔惩其侮[25]。天佑下民,作之君,作之师,惟其克相上帝[26],宠绥四方[27]。有罪无罪[28],予曷敢有越厥志[29]?同力度德[30],同德度义。受有臣亿万,惟亿万心。予有臣三千,惟一心。商罪贯盈[31],天命诛之。予弗顺天,厥罪惟钧[32]。予小子夙夜祇惧[33],受命文考,类于上帝[34],宜于冢土[35],以尔有众,厎天之罚[36]。天矜于民[37],民之所欲,天必从之。尔尚弼予一人[38],永清四海。时哉弗可失!"

泰誓中

惟戊午[39],王次于河朔[40]。群后以师毕会,王乃徇师而誓[41]。曰:"呜呼!西土有众,咸听朕言。我闻吉人为善,惟日不足[42]。凶人为不善,亦惟日不足。今商王受,力行无度,播弃犁老[43],昵比罪人[44]。淫酗肆虐[45],臣下化之[46],朋家作仇[47],胁权相灭[48]。无辜吁天[49],秽德彰闻。惟天惠民,惟辟奉天[50]。有夏桀,弗克若天,流毒下国。天乃佑命成汤,降黜夏命[51]。惟受罪浮于桀[52]。剥丧元良[53],贼虐谏辅[54]。谓己有天命,谓敬不足行,谓祭无益,谓暴无伤。厥监惟不远[55],在彼夏王[56]。天其以予乂民[57]，朕梦协朕卜[58]，袭于休祥[59]，戎商必克[60]。受有亿兆夷人[61]，离心离德。予有乱臣十人[62]，同心同德。虽有周亲，不如仁人[63]。天视自我民视[64]，天听自我民听。百姓有过，在予一人。今朕必往，我武惟扬[65]，侵于之疆，取彼凶残。我伐用张[66]，于汤有光。勖哉[67]，夫子！罔或无畏[68]，宁执非敌[69]。百姓懔懔[70]，若崩厥角[71]。呜呼！乃一德一心，立定厥功，惟克永世。"

——《尚书·泰誓》

［1］冢君：大君，对各友邦君主的尊称。冢，大。

［2］御事：治事大臣。庶士：普通士子。两者统称国君以下的掌事之人。

［3］明听誓：请清楚地听取我的誓言。

［4］亶（dǎn 胆）：实在，诚然。聪明：天资灵敏，理解能力强。

［5］元后：帝王。

［6］商王受：帝辛，名受或受德，人称殷纣王。

［7］沉湎冒色：沉湎嗜酒，冒犯女色。冒，乱。

［8］罪人以族：一人有罪，将父母兄弟妻子皆定刑。

［9］官人以世：授人官职采用世袭的方式。

［10］台榭（xiè 谢）：亭台楼榭。台，方形且高的建筑物。榭，台上木制房屋。

［11］陂（bēi 杯）池：池塘。

［12］侈（chǐ 齿）服：超越礼制的服饰。

［13］忠良：忠正贤良之人。

［14］刳（kū 哭）剔：剖解。

［15］文考：父亲文王。考，已故父亲。

［16］大勋未集：大功没有完成。勋，特殊功劳。集，成功。

［17］肆予小子发：谓父业未成，自己尽力而起。肆，尽，极。小子发，周武王名发，此谓谦称。

97

[18] 观政于商:观诸侯政治之善恶,此谓于武王十一年发兵。

[19] 罔有:没有。悛(quān 圈)心:悔改之心。

[20] 夷居:平居,平常所居。弗事:无故不敬侍。

[21] 遗:遗弃。厥:他的。

[22] 牺牲粢盛(zī chéng 资成):泛指祭祀之物。牺牲,祭祀用的牲畜。粢盛,祭祀时将黍稷放在祭器里。

[23] 既于凶盗:谓凶人将祭祀之物盗食已尽。既,表动作已完成。

[24] 有民有命:谓商王以为自己拥有亿万百姓和天命。

[25] 罔惩其侮:谓没有能够制止他的侮慢之心的。

[26] 克:能。相:辅助。

[27] 宠绥:宠爱而使其安定。

[28] 有罪无罪:谓伐纣之事无论有罪无罪。

[29] 曷敢:怎么敢。越:远。厥志:谓伐纣为代天行道,志在必得。

[30] 度(duó 夺):揣度。

[31] 贯盈:满盈。古代用绳穿钱,穿满一贯为贯盈,后用之表罪恶深重。

[32] 钧:通"均",相同,相等。

[33] 祇(zhī 之):敬。

[34] 类:祭名,祭天。

[35] 宜:祭名,祭祀土地之神。

[36] 底(dǐ 底):终。

[37] 矜:怜悯,同情。

[38] 弼:辅佐。

[39] 戊午:时年一月二十八日。

[40] 次:临时驻扎。河朔:泛指黄河以北的地方。

[41] 徇:古同"巡",巡行。

[42] 惟日不足:谓尽日。

[43] 播弃:背弃。犁老:众老人。犁(lí 黎),通"黎",众多。

[44] 昵比:亲近朋比。

[45] 淫酗肆虐:过度饮酒,放纵施虐。

［46］臣下化之：谓臣下亦受其影响,行为亦然。

［47］朋家作仇：言臣下朋党,互相视为仇怨。

［48］胁权相灭：借助君主权力争相诛灭。

［49］吁(yù 玉)：为某种要求而呼喊。

［50］辟：君主。

［51］降黜：罢免。

［52］浮：超过。

［53］剥丧：伤害。元良：泛指忠良之士。

［54］贼虐：残害。谏辅：以进谏辅佐之士。

［55］监：视,看待。

［56］在彼夏王：谓商纣之罪孽与夏桀不远。

［57］乂(yì 意)：治理。

［58］梦协朕卜：谓梦与占卜之事相互佐证。

［59］休祥：吉庆祥瑞。

［60］戎商：与商之战。

［61］夷人：平民。

［62］乱臣：善于治理政务的大臣。十人：周公旦、召公奭(shì 是)、太公望、毕公、荣公、太颠、闳夭、散宜生、南宫适(kuò 括)、文母。

［63］虽有周亲,不如仁人：谓纣至亲虽多而益,不如武王仁人少而有功。周亲,至亲。

［64］自：来自于。

［65］扬：高举。

［66］张：张设,部署。

［67］勖(xù 续)：勉励。

［68］罔或无畏：谓不敢有轻敌之心。

［69］宁执非敌：宁可执守非自己抵挡之志,即以破釜沉舟之心以对,但不可掉以轻心。

［70］懔懔：危惧貌。

［71］若崩厥角：像野兽折了头角一样。喻指危惧不安。

万物与我为一

〔解题〕 题目系据正文所拟。本文所选体现出庄子的辩证观点。在常人心中,秋毫很小,泰山很大,但他却说天下没有比秋毫大的,而泰山却很小。在常人心中,夭折之人是短命的,而彭祖是长寿的代表,但他却说没有比夭折之人更长寿的,而彭祖却是夭亡。庄子以此四例来破除人们心中的大小寿夭概念,所谓大小寿夭,不过是人们的度量概念,而对于浩淼宇宙,何为始终,何为有无?后两句承接前四句,既然宇宙时空不知开始与结束,不知大小与寿夭,那么已经具备这种无限自在之认识的我,不正是一个蕴含天地的我吗?此之谓万物与我为一。庄子认为,道存在于万事万物之中,人和自然也并非对立,这不是简单地认为人与天地万物完全一致,而是超越情感个体的经验生活而对去体悟宇宙的无限真实。庄子的宇宙哲学体现出宇宙观与人文观的高度融合,具有阐释中华天人合一思想观念的特殊价值。

天下莫大于秋毫之末[1],而太山为小[2];莫寿于殇子[3],而彭祖为夭[4]。天地与我并生,而万物与我为一。

——《庄子·齐物论》

[1] 秋毫:鸟兽秋天换的新毛。新毛极其微细,用以喻指微小的东西。
[2] 大山:泰山。
[3] 寿:长寿。殇(shāng 伤)子:夭折的婴孩。
[4] 彭祖:传说中的长寿之人,年七百余岁。

桑林祷雨

〔解题〕题目为据正文所拟。写成汤灭夏之后遇大旱,粮食五年没有收成,成汤桑林中祈神求雨之事。桑林祈雨之词至为恳切,可谓罪己诏的雏形。"一人有罪,无及万夫。万夫有罪,在余一人"!掷地有声。上古时代,人们认为自然界的一切灾异祥瑞皆与国君德行有关,所以遇灾年则认为是天谴。今日看来,自不足信。然而此一观点却有其历史的积极意义,因为正是这一观念使得集权统治有敬畏天命之心。成汤遇此灾年,纵然是开国之君,被后世儒家视为圣人,仍然自责祷告。其言辞之中绝无推诿,而是显现出勇于担当的浩然正气。而且,祈雨仪式非常神圣,并非口头做个样子。成汤是"以身"祷告,"以身为牺牲","翦其发","郦其手",令人动容。由此"民乃大悦,雨乃大至"。雨是否及时而降不能确知,但百姓欣悦想必是自然而然的。

昔者汤克夏而正天下[1],天大旱,五年不收,汤乃以身祷于桑林[2],曰:"余一人有罪,无及万夫[3]。万夫有罪,在余一人。无以一人之不敏[4],使上帝鬼神伤民之命[5]。"于是翦其发[6],郦其手[7],以身为牺牲[8],用祈福于上帝[9]。民乃甚说,雨乃大至。则汤达乎鬼神之化、人事之传也[10]。

——《吕氏春秋·季秋纪·顺民》

[1] 正:此谓治理。

〔2〕祷:祈神求福。桑林:古地名,汤祀神之地。

〔3〕万夫:万民,泛指天下人。

〔4〕不敏:不才,自谦之词。

〔5〕上帝:天帝。神:天神。鬼:古人认为人死魂灵为鬼。

〔6〕翦(jiǎn剪):通"剪"。

〔7〕䃺(mó磨):疑是"磿(lì厉)"字之误,通"枥",压挤。"枥手"是古代的一种刑罚。用绳联五根小木棍,套入手指收紧。商汤自剪其发,自拶其手,以示自责。

〔8〕牺牲:供祭祀用的纯色体全的牲畜。

〔9〕用:以。

〔10〕传:转移。此谓转移的道理。

网 开 三 面

〔**解题**〕题目系据正文所拟。成汤令捕猎之时网开三面,体现出对待自然的保护态度。文中"祝网者"作为常人形象出现,捕猎意欲尽捕天下猎物,而成汤则深不以为然。第一,如此之心为贪虐,他认为对待猎物不可贪欲过多。第二,"蛛蝥作网,今人学杼",体现出人从自然中学习的"仿生学"道理,而人不可以过度贪欲。第三,实行仁政,不是放弃捕猎,只置一面,此时的捕猎具有一种听天由命的意味:已经多留生路,若再被捕,想必天命所在。"取其犯命者",将捕猎行为纳入"天命是从"的价值体系以后,捕食行为就带有"恭行天罚"的意味,由此也折射出成汤的天人合一观念,既有人要节制、顺应自然的理念,又有顺从天命、替天行道的意味。正因为代表了当时德行的最高体认,所以成汤的理念使得天下影从,被汉南之国誉为"汤之德及禽兽"。

汤见祝网者[1],置四面,其祝曰:"从天坠者,从地出者,从四方来者,皆离吾网[2]。"汤曰:"嘻[3]!尽之矣。非桀其孰为此也?"汤收其三面,置其一面,更教祝曰[4]:"昔蛛蝥作网罟[5],今之人学纾[6]。欲左者左[7],欲右者右,欲高者高,欲下者下,吾取其犯命者。"汉南之国闻之曰[8]:"汤之德及禽兽矣。"四十国归之。人置四面,未必得鸟。汤去其三面,置其一面,以网其四十国,非徒网鸟也。

——《吕氏春秋·孟冬纪·异用》

[1] 祝:向神祷告求福。
[2] 离:同"罹(lí 离)",遭,触。
[3] 嘻:叹词。
[4] 更:改,重新。
[5] 蛛蝥(máo 毛):秦晋之间称蜘蛛为蛛蝥。
[6] 纾(zhù 住):疑通"杼(zhù 住)"。杼,织布梭,此谓织。
[7] 左:用如动词,向左去。下文"右""高""下"用法与"左"同。
[8] 汉南:汉水以南。

过故人庄

孟浩然

〔解题〕孟浩然(689—740),名不详,字浩然,襄州襄阳(今湖北襄樊)人。早年隐居鹿门山。孟浩然为盛唐山水田园诗派的代表作者,诗风冲淡。此诗为到友人村庄做客的田园诗。首联写受邀而至田庄,中间两联为在故人田庄做客情景,对仗工整。三联上句写农家稻场与菜园,下句写饮酒聊农事,皆是农村生活的真实写照。最后再定重阳之约,来伴赏菊花,田园中,也有一丝清雅之气,融合于乡间淳朴风味之中。元代方回评论说:"此诗句句自然,无刻画之迹。"(《瀛奎律髓》)

故人具鸡黍[1],邀我至田家。绿树村边合,青山郭外斜[2]。开筵面场圃[3],把酒话桑麻[4]。待到重阳日,还来就菊花[5]。

——《孟浩然集校注》卷四

[1] 具:具备。鸡黍:泛指农家待客的饭菜。
[2] 郭:外城。
[3] 筵:酒席。一作"轩"。场:打谷场、稻场;圃:菜园。
[4] 桑麻:此谓农事。
[5] 重阳:农历九月九日,古人以九为阳数,故云。古时风俗,重阳节要登高赏菊,饮菊花酒。

醉 翁 亭 记

欧阳修

〔**解题**〕欧阳修(1007—1072),字永叔,号醉翁,晚号六一居士,吉州永丰(今属江西)人。宋仁宗天圣八年(1030)进士。历任枢密副使、参知政事等职。谥号文忠。北宋诗文改革领袖,"唐宋八大家"之一。庆历五年(1045)十月,欧阳修因支持范仲淹、韩琦等的"庆历新政",得罪权贵,被贬滁州(今属安徽)。本文作于次年,通过写醉翁亭所处环境之乐,写出作者意欲与民同乐的情怀。一般认为本文为欧阳修寄情山水之作,流露出遭遇打击之后的消极颓势。这一点,有其不可否认之处。但本文之所以为历代传颂,不仅因为语言简练优美,音韵和谐,更重要的是因为其中所蕴含的与民同乐的士大夫情怀。虽说人"不知太守之乐其乐",但游人能乐,从人能乐,太守自乐,一派与民同乐,各乐其乐的和谐画面。正如文中所说,作者"醉翁之意不在酒,在乎山水之间",他人不知作者之乐,作者亦不知别人之乐,然而同游醉翁亭而乐,天人合一,本不必同一。此文写自然风物,每有简而妙的美文词语,如人们常提到的"有亭翼然临于泉之上",如"风霜高洁,水落而石出"等等,读者之君,当细心精读为好。

环滁皆山也[1]。其西南诸峰,林壑尤美,望之蔚然而深秀者,琅琊也[2]。山行六七里,渐闻水声潺潺,而泻出于两峰之间者,酿泉也[3]。峰回路转,有亭翼然临于泉上者[4],醉翁亭也。作亭者谁?山之僧曰智仙也[5]。名之者谁?太守自谓也[6]。太守与客来饮于此,饮少辄醉,而年又最高,故自号曰"醉翁"也[7]。醉翁之意不在酒,在乎山水之间也。山水之乐,得之心而寓之酒也。

若夫日出而林霏开[8],云归而岩穴暝,晦明变化者,山间之朝暮也。野芳发而幽香,佳木秀而繁阴,风霜高洁,水落而石出,山间之四时也。朝而往,暮而归,四时之景不同,而乐亦无穷也。

至于负者歌于途,行者休于树,前者呼,后者应,伛偻提携[9],往来而不绝者,滁人游也。临溪而渔,溪深而鱼肥;酿泉为酒,泉香而酒洌[10]。山肴野蔌[11],杂然而前陈者,太守宴也。宴酣之乐,非丝非竹[12],射者中[13],奕者胜,觥筹交错[14],起坐而喧哗者,众宾欢也。苍颜白发,颓然乎其间者,太守醉也。

已而夕阳在山,人影散乱,太守归而宾客从也。树林阴翳[15],鸣声上下,游人去而禽鸟乐也。然禽鸟知山林之乐,而不知人之乐;人知从太守游而乐,而不知太守之乐其乐也。醉能同其乐,醒能述以文者,太守也。太守谓谁?庐陵欧阳修也[16]。

——《欧阳修全集》卷三十九

[1] 环:环绕。滁:滁州,在安徽省东部。

[2] 琅琊:山名,在滁州西南。

[3] 酿泉:在醉翁亭东南,泉清可酿酒。

[4] 翼然:鸟展翅状。

[5] 智仙:琅琊寺僧。

[6] 太守:汉时一郡最高行政长官名。隋唐后郡改州或府,隋唐时相应改名为刺史,宋为知州、知府,但常袭用太守之名。

[7] "而年"二句:欧阳修时年四十,自号醉翁,有自嘲之意。

[8] 霏:云气。

[9] 伛偻:驼背,此谓老人弯腰而行。提携:牵扶,指小孩由大人领着走。

[10] 洌:清醇。

[11] 肴:荤菜。蔌(sù 诉):蔬菜。

[12] 丝、竹:弦乐与管乐。

[13] 射:饮宴时的游戏,即投壶。两人相对,中置一壶,往壶中投箭,多者为胜,负者罚酒。

[14] 觥(gōng 工):盛酒器,兽角制成,多作兽头形。筹:行酒令时计胜负的筹码。

[15] 翳(yì 益):遮蔽。

[16] 庐陵:今江西吉安。庐陵是欧阳修的祖籍,自其曾祖起迁居永丰。

丰乐亭记

欧阳修

〔**解题**〕作记之法,大略是要讲明缘起,或某亭、某楼之新建、或新修、或有所感,然后要抒写作者某种议论,见景生情,情中有思。欧阳修此文情思,仍贵在"与民同乐"。做官要体察民情,要与群众打成一片。欧阳修写丰乐亭由于丰山而得名,起笔为小,而落笔在丰年百姓可乐、与民同乐上,意蕴深厚。欧公胸怀宽广,眼界开阔,固然可贵,而他心中有百姓,尤为难得。"百年之间,漠然徒见山高而水清"的历史感慨,"夫宣上恩德,以与民共乐,刺史之事也,遂书以名其亭焉"的自明心志,构成丰富而生动的作者心理世界,值得今人反复体会。

修既治滁之明年夏[1],始饮滁水而甘,问诸滁人,得于州南百步之近。其上丰山耸然而特立[2],下则幽谷窈然而深藏[3],中有清泉滃然而仰出[4]。俯仰左右[5],顾而乐之。于是疏泉凿石,辟地以为亭,而与滁人往游其间。

滁于五代干戈之际,用武之地也。昔太祖皇帝尝以周师破李景兵十五万于清流山下,生擒其皇甫晖、姚凤于滁东门之外,遂以平滁[6]。修尝考其山川,按其图记[7],升高以望清流之关[8],欲求晖、凤就擒之所,而故老皆无在者。盖天下之平久矣。自唐失其政[9],海内分裂,豪杰并起而争,所在为敌国者,何可胜数! 及宋受天命,圣人出而四海一[10]。向之凭恃险阻[11],划削消磨[12],百年之间,漠然徒见山高而水清。欲问其事,而遗老尽矣。

今滁介于江、淮之间,舟车商贾、四方宾客之所不至。民生不见外事,而安于畎亩衣食[13],以乐生送死[14]。而孰知上之功德,休养生息,涵煦百年之深也[15]。修之来此,乐其地僻而事简,又爱其俗之安闲。既得斯泉于山谷之间,乃日与滁人仰而望山,俯而听泉,掇幽芳而荫乔木[16],风霜冰雪,刻露清秀[17],四时之景,无不可爱。又幸其民乐其岁物之丰成,而喜与予游也。因为本其山川,道其风俗之美,使民知所以安此丰年之乐者,幸生无事之时也。夫宣上恩德,以与民共乐,刺史之事也[18],遂书以名其亭焉。庆历丙戌六月日[19],右正言、知制诰、知滁州军州事欧阳修记[20]。

——《欧阳修全集》卷三十九

[1] 明年:第二年。

[2] 特:突出。

[3] 窈然:幽深貌。

[4] 滃(wěng 翁上声)然:水盛貌。仰出:由地下而向上涌出。

[5] 俯仰左右:意谓环顾上下左右。

[6] "昔太祖皇帝"三句:956年,宋太祖赵匡胤任后周大将时,与南唐中主李璟的部将皇甫晖、姚凤会战于滁州清流山下,南唐军队败入滁州城。随后赵匡胤在滁州东城门外亲手刺伤皇甫晖,生擒皇甫晖、姚凤,夺下滁州城。李景:即南唐中主李璟,避后周庙讳(后周太祖郭威的高祖讳璟),改景。

[7] 图记:地图和文字记载。

[8] 升高:登高。清流之关:清流关,在滁州西北清流山上。

[9] 失其政:失去政权。

[10] 圣人:此谓宋太祖赵匡胤。一,统一。

［11］凭恃险阻:凭借险阻的人。凭恃,凭借。

［12］划削消磨:此谓互相争斗,互相削弱。划削,铲除,出去。划(chǎn铲),通"铲"。消磨,削弱。

［13］畎(quǎn犬):田地。

［14］乐生送死:孝养父母,使活着的快乐,为死去的送葬。

［15］涵煦(xù续):保护养育。

［16］掇幽芳:谓春景,拾取幽香的花丛。掇,拾取。荫乔木:谓夏景,在大树下乘凉。荫,荫蔽。乔木,高大的树木。

［17］风霜冰雪,刻露清秀:谓秋冬之景。秋冬草枯叶落,山势巉岩毕露,所以说"刻露清秀"。

［18］刺史:汉唐州郡一级的长官。宋代州郡级长官,称为"知州"。不过宋人常用"刺史"代指。

［19］庆历丙戌:庆历六年(1046)。庆历,宋仁宗赵祯年号。

［20］右正言:宋代官名,原为右拾遗。知制诰:唐宋官名,掌起草制诰、诏令、敕书等文书。

西 铭

张 载

〔解题〕 张载（1020—1077），字子厚，凤翔郿县（今陕西眉县）横渠镇人，世称"张横渠"。此文原为《正蒙》之《乾称》篇的一部分。作者曾经录《乾称》首段和末段，分别张贴于西东窗上，西窗贴《订顽》，东窗贴《砭愚》，后来程颐将《订顽》改称《西铭》，将《砭愚》改称《东铭》。本文将天地宇宙视为浑然一体的家庭，提出"民胞物与"的泛爱思想，以及"乐且无忧"的乐天安命的守道思想。张载将整个宇宙万物伦理化，将百姓视为同胞，将万物视为同类，提出富有万物平等精神的思想主张，能够体谅"疲癃残疾、惸独鳏寡"等弱势群体，极富人文关怀。然而，此文也大有值得反省之处，体现在作者视为大家庭的天地宇宙中，依然将传统皇权社会的等级观念照搬过来，只是改了名头，或为"宗子"，或为"家相"。崇尚孝道，却淡薄了与"孝"并称的"慈"。文中所列举的舜、申生、伯奇等人故事，在今日看来似是不宜推崇之愚孝。

乾称父[1]，坤称母[2]；予兹藐焉，乃混然中处[3]。故天地之塞[4]，吾其体；天地之帅，吾其性。民吾同胞，物吾与也[5]。大君者[6]，吾父母宗子[7]；其大臣，宗子之家相也[8]。尊高年，所以长其长；慈孤弱，所以幼吾幼。圣其合德[9]，贤其秀也[10]。凡天下疲癃残疾、惸独鳏寡[11]，皆吾兄弟之颠连而无告者也[12]。于时保之,子之翼也[13];乐且不忧,纯乎孝者也。违曰悖德[14],害仁曰贼[15];济恶者不才[16],其践形,唯肖者也[17]。知化则善述其事,穷神则善继其志[18]。不愧屋漏为无忝[19],存心养性为匪懈[20]。恶旨酒[21],崇伯子之顾养[22];育英才,颍封人之锡类[23]。不弛劳而底豫[24],舜其功也;无所逃而待烹[25],申生其恭也[26]。体其受而归全者[27],参乎[28]!勇于从而顺令者[29],伯奇也[30]。富贵福泽,将厚吾之生也;贫贱忧戚,庸玉女于成也[31]。存,吾顺事,没,吾宁也。

——《张载集·正蒙·乾称篇第十七》

[1] 乾:谓天。

[2] 坤:谓地。

[3] 混然中处:与天地相合而位于天地之中。中处,处中,即位于中间。

[4] 天地之塞:谓气。塞,充塞。

[5] 与:同类、朋友。

[6] 大君:君主、帝王。

[7] 宗子:宗法社会里享有继承权的嫡长子。

[8] 家相:家里的总管。

[9] 圣其合德:谓能与天地合于德行的是圣人。

[10] 贤其秀:谓能够通过修养具备美德的是贤人。

[11] 疲癃(lóng 隆):年老体弱有病貌。惸(qióng 穷):没有兄弟的人。独,老而无子的人。鳏:无妻或丧妻的人。寡:妇女死了丈夫。

[12] 颠连:狼狈困苦貌。无告:谓无所告诉。

[13] 翼:帮助。

[14] 违:不从父母之命。悖德:谓背离道德。悖,背离。

[15] 害仁:违背仁义。害,残害,此谓违背。

[16] 济:成。

[17]践形:谓将仁义实践于形色当中,即正道履居,形貌端严。肖者:像父母的人。

[18]知化、穷神:谓穷究宇宙之奥秘,了解自然造化的法则。其:谓天地。

[19]屋漏:房间西北角深暗处。忝:羞辱。

[20]匪懈:不懈怠。

[21]旨酒:美酒。

[22]崇伯子:大禹之父鲧封于崇,史称崇伯,崇伯子即大禹。顾养:谓善于保养本性。

[23]颍封人:谓颍考叔。史书说其纯孝。锡类:把恩德赐给同类。锡(cì 赐),同"赐"。

[24]不弛劳:谓竭尽全力。底:至,到。豫:安乐,快乐。

[25]待烹:等待杀戮。

[26]申生:晋献公之子,顺从父命而自缢身亡。恭:申生死后的谥号。

[27]体其受:身体受之于父母。归全:谓保全身体。

[28]参(shēn 伸):孔子弟子曾参。

[29]从而顺令:服从命令。顺,服从,不违背。

[30]伯奇:周宣王时重臣尹吉甫长子,后母离间,被其父放逐。虽无罪而顺从被放逐,作琴曲《履霜操》以述怀,吉甫愧悟,求伯奇,杀妻。

[31]庸:用。玉女于成:谓像爱惜玉一样爱护、帮助你。爱你如玉,帮助你,使你成功。女,通"汝",你。

明诚互致,天人合一

张 载

〔**解题**〕题目系据正文所拟。此文通过对佛教否定现世的批判,提出儒家追求"明诚互致,天人合一"的理想追求。宇宙万物是一体的,"明"和"诚"是事物存在的两个方面,一个在外,一个在内,通过外在可以探求内在本性,而通过内在也可以感知外在样态。这个观点颇富唯物辩证法的色彩。同时他认为,道是统一的,天道即人道,圣人是可以通过学习达到的,探求天道并不会荒废对人道的追求。这个观点尤为可贵,"致学而可以成圣",肯定了人的能动性,是人本思想的表现。此外,他引述的《周易系辞》的"不遗、不流、不过"体现了哲学上的事物是普遍联系的观点,富有全面性和客观性。总的来说,张载思想中的"天人合一"将"人"与"天"看齐,剥离了"天"的神秘不可知,高度认可"人"的能动性,具有积极进取精神。

释氏语实际[1],乃知道者所谓诚也[2],天德也[3]。其语到实际,则以人生为幻妄,以有为为疣赘[4],以世界为荫浊[5],遂厌而不有,遗而弗存。就使得之,乃诚而恶明者也[6]。儒者则因明致诚,因诚致明,故天人合一,致学而可以成圣,得天而未始遗人,《易》所谓不遗[7]、不流、不过者也。

——《张载集·正蒙·乾称篇第十七》

〔1〕实际:谓真如。"真"是真实不妄,"如"是如常不变,即佛教上指事物的本质或真实性。

〔2〕诚:实在。此谓内在本性。

〔3〕天德:此谓天道,即自然之根本规律。

〔4〕疣(yóu尤)赘:即赘疣。皮肤上生的瘊子。喻多余的、无用之物。

〔5〕荫浊:遮蔽不净。

〔6〕明:清楚,公开的。此谓显露的外在样态。

〔7〕不遗:即《周易·系辞》所谓"曲成万物而不遗"。不流:即"旁行而不流"。不过:即"范围天地而不过"。

新城道中(其一)

苏　轼

〔**解题**〕苏轼(1037—1101),字子瞻,号东坡居士,眉州眉山(今属四川)人。宋仁宗嘉祐二年(1057)进士。谥文忠。文章恣意潇洒,为"唐宋八大家"之一。与其父苏洵、弟苏辙并称"三苏"。此诗作于宋神宗熙宁六年(1073)年春,诗人时任杭州通判,于富阳赴新城途中所作,原诗两首,此为其一。新城,在杭州西南,为杭州属县(今浙江杭州市新登镇)。此诗起首两句流水对,本写山行之时,逢东风起,数日连绵之雨停歇,却道东风因为知道自己要启程,将数日间屋檐间的雨声吹断。将东风人格化,风知人意,人解风情,颇有情趣。此际诗人心情畅达,眼见诸景,皆觉灵妙。那晴日的云朵如同棉制的帽子戴在山岭上,那初升的太阳,如同铜钲挂在树梢上。此二句比喻不仅生动形象,而且不避俚俗。再见野桃花开,竹篱枝短,溪柳摇曳,沙水清澈,风景如画,动静结合,色彩明丽,且以拟人手法状其多姿形态。野桃花开为"含笑",溪柳随风摇曳为"自摇",将本来随风摇摆的自然意态描绘得风姿绰约如美人。最后为想象之言,春暖花开,西崦人家应该充满欢乐,或许已经开始耕种了,正忙着为地里耕作的家人做饭。此诗状写生机盎然,既是春山巡行图,又是农家春景图。而诗人作为地方长官于巡视过程中,不骚扰百姓,以满腔热情歌颂自然,为山民春耕而喜,虽未到人民中去,却已经深知民心之所系了! 前人分析此诗多从诗人热爱自然或状写景色着眼,如今看来,还应该在与民同乐的人民性上多加关注。

东风知我欲山行,吹断檐间积雨声。岭上晴云披絮帽[1],树头初日挂铜钲[2]。野桃含笑竹篱短,溪柳自摇沙水清。西崦人家应最乐[3],煮葵烧笋饷春耕[4]。

——《苏轼诗集》卷九

[1] 絮帽:棉制的帽子。
[2] 钲(zhēng征):古代乐器。又名"丁宁",用铜制成,形似钟而狭长,有长柄可执,口向上以物击之而鸣,在行军时敲打。
[3] 西崦(yān烟):西山。
[4] 葵:又称葵苴(jù巨),蔬菜名。我国古代重要蔬菜之一,可腌制。

游山西村

陆 游

〔解题〕陆游(1125—1210),字务观,号放翁,越州山阴(今浙江绍兴)人,南宋诗人。此诗作于宋孝宗乾道三年(1167),此前诗人因支持张浚北伐遭人弹劾,罢归故里。诗人心系朝廷,虽处江湖之远,却难忘国事。这是陆游非常著名的一首田园游记诗,尤其颈联乃千古传唱之句,鼓励人们在遇到困难似乎无解之时,总会有别开生面的一刻。首联以"莫笑"开头,写出农家酒肴虽非山珍海味,但是粗料情浓,"浑"字表农家朴拙之风,"足"字体现出农人的豪爽,因为对农家来说,鸡豚待客也不是随时都有的,只有在丰年且来贵客时方能如此吧!当然,这也写出了农家的朴实大方和热情好客。颈联写诗人来时路上的山水风景,几度以为无路可寻之时,却总在柳暗花明的新发现,将山水重叠的自然风景与花柳掩映的村庄气象交织在一起,也将自身亲历的一次次美感欣喜和人生体悟寄托其间,情景交融,意味深长。"又"字最妙,不仅传达出诗人到达山西村的喜悦之情,而且富有言外之意:究竟山西村是为"又一村"呢,还是游山西村之后"又"发现另一个柳暗花明处?由于春社祭日临近,箫鼓齐鸣,诗人欣赏农家衣着简朴,是因为意识到这是传承上古遗风的表现,而上古遗风的简朴,又岂止于衣冠外表呢!于是,也就自然生出了随时造访,与农人亲密相处的愿望。与民风简朴的村人相处,既是与无破坏的自然相处,也是与无矫饰的古风相处。试将衣冠简朴的古老民风与柳暗花明的乡村春色融为一体,又该是一种怎样的境界?

莫笑农家腊酒浑[1],丰年留客足鸡豚。山重水复疑无路,柳暗花明又一村。箫鼓追随春社近[2],衣冠简朴古风存[3]。从今若许闲乘月[4],拄杖无时夜叩门[5]。

——《剑南诗稿校注》卷一

[1] 腊酒:腊月所酿之酒。

[2] 箫鼓:春社时迎神所用。春社:立春后第五个戊日(古以干支纪日)祭祀土地神,以祈丰收。社,土地神。

[3] 古风存:据《周礼》记载,国家祈求丰年,击鼓社祭。

[4] 闲乘月:乘月明之时闲游。

[5] 无时:无定时,随时。

四时田园杂兴·夏日
田园杂兴(选二)

范成大

其一

〔解题〕 范成大(1126—1193),字致能,号石湖居士。苏州吴县(今属江苏)人。历任四川制置使、参知政事等职,有气节,不恋栈,晚年退居故乡石湖。《四时田园杂兴》是范成大退居家乡后写的一组田园诗,分春日、晚春、夏日、秋日、冬日五部分,每部分各十二首,共六十首。钱锺书在《宋诗选注》中谓之"算得中国古代田园诗的集大成"。杂兴,为即兴感怀,随事吟咏之作。此为夏日其一,描写了初夏的梅子、杏子、麦花、菜花此时此刻的生动状态。正午日头最高时候,农人都在田野劳作,只有蜻蜓和蛱蝶在看家护院。画面简单,色彩亮丽、大小相映,且动静相称,显隐互得,真实描述了夏日农村的生活场景。用语精准,平中见奇,梅子成熟的金黄与麦花的雪白相衬,杏子果实的肥硕与菜花花期将过的稀疏状态相对,使得诗意形象格外鲜明。"日长"句是写夏日白天很长,农人整天劳作不在家中,其辛苦可想而知,这是诗作的言外之意。蜻蜓蛱蝶本是农村常见飞虫,写来饶有生趣,使田园农家风味中别有意趣横生之妙。

梅子金黄杏子肥,麦花雪白菜花稀[1]。日长篱落无人过[2],惟有蜻蜓蛱蝶飞[3]。

——《范石湖集·石湖居士诗集》卷二十七

[1] 麦花:荞麦花,花期在公历5—9月。菜花:油菜花,花期在公历4月左右。

[2] 篱落:篱笆的影子。

[3] 蛱(jiá 颊)蝶:一种蝴蝶,翅膀赤黄色有黑纹,躯干黑蓝相间。吃麻类植物叶子,对农作物有害。

其七

[解题] 此诗为夏日部分第七首,以老翁之口写农村忙碌的生活状态。一二句为互文流水对,写村庄里的劳力,男人耘田而女人绩麻,男耕女织在自给自足的中国传统社会中,是常见的家庭分工安排。男女精壮劳力昼夜忙碌,各当其分工,各撑起一片天空,而这也是农村生产力得以维系的主要劳动者。诗人以老翁之口道出这一番景象,自然充满欣慰之感,因为忙碌劳作正是田园之富有生机的根本原因。三四句也是流水对,写小童儿们,尚未习得耕织之要领,但也力所能及地开始学起了种瓜。此诗写一片忙碌的劳动生活画卷,既包含了诗人对于田园生活的喜爱,也体现了对农人辛劳的赞美。时至夏日,炎热季节,农人却需要昼夜劳作,甚至连儿童都要加入,想必是为了收获而在享受辛勤劳作的愉悦吧。

昼出耘田夜绩麻,村庄儿女各当家。童孙未解供耕织,也傍桑阴学种瓜。

——《范石湖集·石湖居士诗集》卷二十七

尽心知性

中短篇小说

诚　明

〔解题〕 题目系据正文所拟。在儒家思想中,圣人天性而诚,不学而能,即不用后天学习而所做皆能恰如其分。然而无论是"自诚明"之"性",还是"自明诚"之"教",殊途同归于"诚明",即诚信而明达。文明的社会不会以愚民的政策来巩固统治,而是大开民智,与民同治,让合适的人居于合适的位置,为整个社会创造更大价值。不过此文偏重由诚而明这条路,也是儒家所倡导的先正心诚意,方能修身齐家治国平天下。自诚明是由于"至诚",将诚发明到极致,则性亦能发明到极致,由此推演出尽天地万物之性而能与天地参,也就是天人合一的境界。次一等之自明诚则致力于细小处,亦能渐次明晓到运动变化之道。"诚"是核心,是关键,是发起之前提,"明"是达到天人合一之境界的状态,诚明之路也就是天人合一之路。

自诚明谓之性[1],自明诚谓之教[2]。诚则明矣,明则诚矣。

唯天下至诚,为能尽其性。能尽其性,则能尽人之性。能尽人之性,则能尽物之性。能尽物之性,则可以赞天地之化育。可以赞天地之化育[3],则可以与天地参矣[4]。

其次致曲[5],曲能有诚,诚则形,形则著,著则明,明则动,动则变,变则化。唯天下至诚为能化。

——《礼记·中庸》

〔1〕自诚明:由真诚而明晓大道。自,从,由。诚,真诚,实在。明,明晓,明达。性:天性。

〔2〕自明诚:由明晓事理而真诚。教:教化。

〔3〕化育:天地生成万物。

〔4〕参:配。

〔5〕其次:谓自明诚者。致:至。曲:细小之事。

尽 心 知 性

〔**解题**〕 题目系据正文所拟。《尽心》篇中孟子集中探讨了修身养性的许多问题。本文所选为孟子探讨心性关系的著名章节。尽心知性,所尽的是人的本心所观照的具体物象,所知的是天性,是本心所据之理。而孟子认为"性"为本性、为天性,是无厚薄的,人与人、人与自然之间的本性是相通的,所以通晓了本性,便是知晓了天道,即天地运化的规律。正因为尽心能知性,知性能知天,所以要存心养性。存的是人的本心,没有染着之自然本心,养护的是人的本性,养护这天地间的浩然之气,这是修身养性的根本所在。

孟子曰:"尽其心者,知其性也。知其性,则知天矣。存其心[1],养其性[2],所以事天也。殀寿不贰[3],修身以俟之,所以立命也。"

——《孟子·尽心上》

[1] 存心:犹居心。谓心里怀有的意念。
[2] 养性:谓修养身心,涵养天性。
[3] 殀寿不贰:不论短寿长寿都没有两样,表示一心一意。殀(yāo夭),同"夭",夭折,短寿。

万物皆备于我

〔**解题**〕题目系据正文所拟。"万物皆备于我",是建起了一座人与自然关系的桥梁。人是人,物是物,有何相关?甲人是甲人,乙人是乙人,有何相系?人与其他人、与万事万物若无相关如何认知,如何相处?孟子认为世间万物的根本原理与人之本性皆是一体相通的,而这,既是修性之重要基点,也是认识世界的一把钥匙。世界上,看到相异是容易的,难的是看到异中的同。因为万物皆备于我,所以人与自然相通,也是一体的,所以反躬自省,用推己及人的"恕道",便是仁爱之心的体现了。

孟子曰:"万物皆备于我矣[1],反身而诚[2],乐莫大焉。强恕而行[3],求仁莫近焉。"

——《孟子·尽心上》

[1] 万物皆备于我:谓世界上万事万物之理在我的天性之内完全具备了。
[2] 反身:反过来要求自己,自我检束。诚:诚然,实在。
[3] 强(qiǎng抢):勉力。恕:恕道,推己及人。

圣人有情而无累

〔**解题**〕题目系据正文所拟。此文讲述了对于圣人有情无情论的不同观点,何晏认为圣人是没有喜怒哀乐,也就是没有普通情感的。而王弼则认为,圣人之所以为圣人,并非没有常人的普通情感,"同于人者五情",但却有与常人不同处,即"茂于人者神明"。所谓"茂",用字颇新异,非"异"。"茂"指茂盛,人如木,圣人亦如木,只是圣人比常人茂盛的地方在"神明"。所谓"神明"当属于与"情"相对的概念"性"的范畴。王弼认为,圣人并非无情,而是"应物而无累于物",即接触万物却不被负累。不被负累并非不接触外物,圣人并非处于真空之中,也并非迥异于常人的异类,而是有人之常情,然而却不执着于感物而动的常人之情,从而时刻能够体察本性之真。本文探讨的思想内容是魏晋玄学的重要命题,圣人被认为是超越常人、通达天人的"至人",而如此超越的根源是什么,便成为讨论的热点话题。王弼的判断阐述了圣人之所以通达天人的原因是因为"有情无累",这就使得圣人既非唾手可得亦非遥不可及。如是思理,这对于后世佛教中国化的禅宗及宋儒的修圣思想影响颇大。

何晏以为圣人无喜怒哀乐[1],其论甚精,钟会等述之[2]。弼与不同,以为圣人茂于人者神明也[3],同于人者五情也。神明茂,故能体冲和以通无[4];五情同,故不能无哀乐以应物[5]。然则,圣人之情,应物而无累于物者也[6]。今以其无累,便谓不复应物,失之多矣。

——陈寿《三国志·王弼传》裴松之注引何绍《王弼传》

［1］何晏:字平叔,三国时期魏国玄学家,著有《论语集解》。

［2］钟会:字士季,三国时期魏国名将。

［3］茂:大,盛大。神明:如神般的通晓、明白。

［4］体:本体。冲和:冲淡平和。冲,冲淡,空虚。无,魏晋玄学的重要哲学范畴,谓无形、无名、虚无等,或指物质的隐微状态,与实体的"有"相对。

［5］应物:待人接物。

［6］累:牵连,妨碍。

秋日偶成二首(其二)

程 颢

〔解题〕程颢(1032—1085),字伯淳,人称明道先生。洛阳(今属河南)人。北宋理学家的代表人物,与其弟程颐并称"二程"。此诗为诗人秋日偶得之句,以闲来之笔表达了深刻的人生态度和哲学思想。作为北宋时期著名的理学家,程颢的诗歌哲理意味浓厚,一二句写从容之态,表明万事万物自在自由,人生天地之间,也当从容不迫。三四句直写万物各得其乐,四时虽有寒暑变化,而在顺应自然的人那里,始终是协同一体的。这里所谓"静观",是一个标明其思想方法的关键词语,倡导人要在宁静之中观照万物,自然能够心物合一而体察万物自得的意蕴。五六句写"道"之存在,不只有形,亦兼无形,即道的周流无处不在。而"思"随风云变幻,即人对自然的认知亦属无穷,世界不仅是可知的,而且要追求与风云变幻一天生存的思维方式。七八句写豪雄面对富贵贫贱皆能中正自守,安贫乐道。全诗重在说理,为宋朝哲理诗代表作之一。

闲来无事不从容,睡觉东窗日已红[1]。万物静观皆自得,四时佳兴与人同。道通天地有形外,思入风云变态中。富贵不淫贫贱乐,男儿到此是豪雄。

——《二程集·文集卷三》

[1] 觉:醒。

天地自家心

〔解题〕题目系据正文所拟。选文分两层意思,从"天地之间"到"鸟兽之心也"为第一层,余者为第二层。在第一层中,作者否定了人是天地间唯一"至灵"者,所谓"至灵"指最有灵性的,而"至灵"不唯一则表明了作者视万物为同等的观点。后面的"自家心便是草木鸟兽之心"也证明了这一点,认为人心与动植物的心是一样的。然而看似无等差的平视万物实则亦有差别,"人受天地之中"亦有二义:一为人所秉受的天地之气是最中正的,隐意为草木鸟兽所秉受的天地之气是偏颇的;二为人和万物都是受天地之气孕育而来。所以,作者一方面承认了天地万物的本心是一致的,另一方面又承认了万物与人禀赋不同。有鉴于此,作者的观点可以总结为:天人合一,以人为本。

天地之间,非独人为至灵,自家心便是草木鸟兽之心也[1],但人受天地之中以生尔。

——《二程集·遗书卷一》

[1] 自家心:谓自己的本心。

仁者以天地万物为一体

〔**解题**〕 题目系据正文所拟。选文认为,仁者应该是把天地万物视为一个整体,而所谓仁者自是能够施行仁爱之人。《论语》中说"泛爱众而亲仁",即泛爱众人是仁爱的重要表现。而此文将"众"的范围扩展到天地万物,与今日尊重自然、尊重一切生命的理念是相合的。人和天地万物既然是一体的,那么自己的感知及仁爱便要辐射出去,遍及宇宙,无远不届。仁爱万物是仁者的基本前提,万物能被仁爱笼罩,则尽属于自己,意谓感知万物如感知自身。反之,即便是自身的手足,不被自身感知,即使仍然连接在身体上,却已经不再属于自己了。因为人之对自身的拥有不只在于物质感受本身,还在于意识所能达到的自觉范围。由此推而广之,便是意识所到,也即自身所及。更为重要的是,在感同身受的同时,尤其要提倡博施济众,那是仁者乃至圣人的社会服务功用,选文的主旨,因此而在于感知和意识统一仁的实践。所以,此文既有理念的探讨,又有施行的措施。所以,新儒家自觉中的"儒学本体论",是体认与功用一体不二的实践本体论。

仁者,以天地万物为一体,莫非己也。认得为己,何所不至?若不有诸己,自不与己相干。如手足不仁[1],气已不贯,皆不属己,故"博施济众"[2],乃圣之功用。

——《二程集·遗书卷二上》

［1］手足不仁:中医指手脚的痿痹,即机能损伤引起的手脚麻木,萎缩等症。

［2］博施济众:广施德惠,救助众人。

乐道非颜子

〔解题〕题目系据正文所拟。"颜子之乐"是宋儒极其热衷探讨的话题,源自于《论语·雍也》:"子曰:'贤哉,回也!一箪食,一瓢饮,在陋巷。人不堪其忧,回也不改其乐。贤哉,回也!'"宋儒多源此探讨颜子之乐及乐在何处。时人或以为乐"贫",然而"贫"是生活现状,而非"乐"的缘由,故"乐贫"一说多不可取。又多以为颜子乐"道",文中鲜于侁即持有此观点。而程子则对此不予认可,认为颜子并非因为道是可乐而乐的。颜子所乐并非存在于天地万物之中的"道",而是天地万物本身。而天地万物虽变化无穷,而"思入风云变幻中"的人物,生天地之间,与万物同在,何等从容,何等自在,所以颜子不改其乐。

鲜于侁问曰[1]:"颜子何以不能改其乐?"子曰:"知其所乐,则知其不改。谓其所乐者何乐也?"曰:"乐道而已。"子曰:"使颜子以道为可乐而乐乎,则非颜子矣。"

——《二程集·粹言卷二》

[1] 鲜于侁(shēn 深)(1018—1087):,字子骏,著有《诗传》《易断》。

观 物 以 理

邵 雍

〔解题〕题目系据正文所拟。邵雍(1011—1077),字尧夫,为河南(今河南洛阳)人。中国传统文化中从孔子开始即注重"反求诸己",也就是反思自身。后世的儒学家也常以"反观"来观照世界,即以心、以理来反观自身,以探究更为本原的理、性、命的问题。邵雍据《周易》认为天下之物皆有其理、性、命,那么此三者便是天人之所以能够"合一"的共同处。邵雍认为圣人比常人高明的地方,正在于能够做到穷理、尽性、至命。所谓穷理,便是穷尽天下万物之规律;尽性,便是明彻天地之本性与法则;至命,是理和性基础之上的道的范畴,即知天命。由此可知,天人合一处即在穷理尽性以至命这条修行之路上。

夫所以谓之观物者,非以目观之也。非观之以目而观之以心也。非观之以心而观之以理也。天下之物,莫不有理焉,莫不有性焉,莫不有命焉。所以谓之理者,穷之而后可知也。所以谓之性者,尽之而后可知也。所以谓之命者,至之而后可知也。此三知者,天下之真知也,虽圣人无以过之,而过之者非所以谓之圣人也。

——《邵雍集·观物内篇》

以 物 观 物

邵 雍

〔**解题**〕题目系据正文所拟。性情是古代思想家热衷探讨的问题,一般而言,性为天生的,情为后天的。性是本体,情是性由外在事物引发而生。邵雍所言"以物观物",即以事物自身属性而观照,立场是站在事物上面,所以避免了情感的搅扰,自然公正而明澈。而"以我观物"则是以自身立场观看事物,那就不能根据事物固有属性来观照,就必有偏暗之处。简言之,"性"是公正清明的,而"情"则是偏私阴暗的。这种观念的优点,是指出了人们在看待事情的时候应该设身处地,尽力从对方出发,从自然实际出发,以排除主观干扰而去把握客观存在的事实和规律,但也有缺点,那就是过度抨击了人的情感立场。须知,一切人事行为皆是有立场的,皆带有人类自身的印记,完全超越主观的彻底的客观观照是不存在的。在性情之辩的意义上,至少要意识到不能把问题绝对化的重要性。不过,能够跳出个人偏见,以更加公正清明的眼光来观照世间万物,仍然是有积极意义的。

以物观物,性也;以我观物,情也。性公而明,情偏而暗。

——《邵雍集·观物外篇》

书临皋亭

苏　轼

〔解题〕此文为苏轼贬谪黄州之时作。临皋亭，在黄州（今湖北黄冈），濒临长江。文章语言极简，但却将作者酒醉饭饱之后的神情思绪传达得淋漓尽致。酒醉饭饱，斜倚几案，当是微醺而舒适的时刻，此时所见用"白云"以下四句呈现，如诗如画。值此情景，作者似有所思又似乎没有，该是一种无所住心的状态，然而又顿然生起"万物皆备于我"的感慨，于是瞬间生出惭愧之意。到底是什么原因令东坡顿生此意？白云左边缘绕，江水右边回旋，多层门户大开，林峦尽入眼帘，诗人微醺之际，有一种被自然风光环绕拥抱的感觉，有一种江天世界纷至沓来，令人应接不暇的感觉，万千思绪涌动，却又似乎来不及细细去想，唯有一点最为强烈的意识，那就是想到自身所居所食皆自然万物之所准备，于是自然而然地生成那种将自身置于天地之中，与天地融为一体的精神状态。心门大开，无所住心，是东坡此时的真实写照。有此思又无此思，即与天地化为一体，何必再生惭愧？认真想来，连道"惭愧"的言外之意，是想表达这样一层意思：在接受万物之备的同时，自然也会想到自己如何回报万物吧，可是自己又该如何回报——或者说"回应"呢？

东坡居士酒醉饭饱，倚于几上[1]，白云左缭[2]，清江右洄[3]，重门洞开[4]，林峦坌入[5]。当是时，若有思而无所思，以受万物之备[6]，惭愧！惭愧！

——《苏轼文集》卷七十一

[1] 几：几案。

[2] 缭：缭绕。

[3] 洄：水回旋而流。

[4] 重(chóng 虫)门：多层门户。洞开：(门窗等)敞开，大开。

[5] 林峦(luán 孪)：长满树林的层叠山峦。峦，连着的山。坌(bèn 笨)：并。

[6] 备：准备，预备。

观书有感二首

朱　熹

其一

〔解题〕朱熹(1130—1200),字元晦,号晦庵。南剑州尤溪(今福建省尤溪县)人。南宋著名哲学家、教育家,儒学集大成者。此诗为哲理诗,诗题名为《观书有感》,诗句却写方塘景物,此为哲理诗别有用心处,比直接说理而毫无意象意趣的诗作要精妙得多。半亩见方的池塘本不算大,好在清澈如镜,甚至能将天光和云影倒映出来,与实景相映成趣。此二句可谓写出了方塘最大的特点:清。下二句则是自问自答,为何如此清澈,就因为有源头活水。古语"流水不腐,户枢不蠹",水要保持清澈,就必须是流动的,只有源源不断的活水注入,方能新陈代谢,永葆清澈。联系诗题,此诗是讲读书的,讲做学问的,一个人的学问无论多么深厚广博,都要在清澈通透上下功夫,而不断地接受新事物新思想并始终保持独立思考是保持学问清澈渊深的重要条件。同时,这里面还隐含着为学为人要谦逊的道理,否则就不可能保持如方塘清澈,所以生命不息,为学不止。

半亩方塘一鉴开[1],天光云影共徘徊。问渠哪得清如许[2]，为有源头活水来。

——《晦庵先生朱文公文集》卷二

［1］方塘：在尤溪城南郑安道斋舍。鉴：镜子，此谓方塘清澈如镜。
［2］渠：它，此处谓方塘。

其二

〔解题〕此诗同样是哲理诗，亦是从生活情境中发现所蕴含的读书哲理。水涨船轻，自然之理，然而就读书来说，却令人警醒：所有的难题之所以难以承受，当然是由于自身学问积累不够，但此外尚有超越一己之力的历史潮流和思想潮流的作用。这里隐含着两方面的问题。一方面，为人也好，为学也罢，目标不可定低，要有大视野、大情怀、大担当，但如果只是空言其大则又容易大而无当，需要从小处做起，积蓄能量，如同水一般，将自身学问之水如春水涨潮一般涵养，之前的大问题也便能轻而易举地解决了。另一方面，世界潮流，历史逻辑，顺之者昌，逆之者亡，任何逆历史潮流而动的思想和学问，到头来只能是"枉费推移力"。

昨夜江边春水生，艨艟巨舰一毛轻[1]。向来枉费推移力[2]，此日中流自在行。

——《晦庵先生朱文公文集》卷二

［1］艨艟（méng chōng 蒙冲）：一种古代战舰。
［2］向来：从来，一向。

致知在格物

朱　熹

〔**解题**〕题目系据正文所拟。"格物"是朱子理论的重要组成部分。他认为天地之中万事万物皆有其理,而诸物之形而上的最高之道终究同一,人们不能因为其道归一就直接悟道而舍弃道在万物的种种形态,就像不能局限于某事某物之理而不肯穷究终极一样。穷理到极处,即是太极,而太极还是理。所谓"致知"是认识论的范畴,通过探究事物原理可以认知世界。这个态度是科学严谨的。即便今日,科学研究可谓推动人类进步的重要动力,而科学研究也正是在穷尽未知世界之理,其实就是格物。所以格物以致知是富有科学精神的,对今日亦有思想借鉴意义。朱熹在这里的论述,有两点值得特别关注,一是强调"莫不因其已知之理而益穷之,以求至乎其极",一是强调"用力之久,而一旦豁然贯通焉",前者是主张必须循序渐进,后者则指出有望于顿悟之功,禅家所谓"渐悟""顿悟"的辩证关系,这里已经表述得非常清楚了。

所谓致知在格物者[1],言欲致吾之知,在即物而穷其理也[2]。盖人心之灵莫不有知[3],而天下之物莫不有理。惟于理有未穷,故其知有不尽也。是以《大学》始教,必使学者即凡天下之物[4],莫不因其已知之理而益穷之,以求至乎其极。至于用力之久,而一旦豁然贯通焉,则众物之表里精粗无不到,而吾心之全体大用无不明矣[5]。此谓物格,此谓知之至也。

——《四书章句集注·大学章句》

[1] 致知:推极认知。
[2] 即物:接触事物。即,靠近。
[3] 有知:有认知能力。
[4] 凡天下之物:天下一切事物。凡,所有的。
[5] "而吾心"句:那么我心的全部大用处也都明晓了。

天地以生物为心

〔解题〕题目系据正文所拟。《朱子语类》,为朱熹与其弟子问答的语录汇编,由黎靖德以类编排。选文通过问答探讨了天地到底有心无心的话题。所谓心,如朱子所讲,即"主宰",这个主宰并非是个意志,而是天地之间自然之道,也就是天地之为天地的法则。所以天地并不是独生的,也就是"天地以生物为中心",即天地之理气运化无穷,万物自然依照天地之道而生生不息。而这个所谓的"心",存在于天地万物之中,不以任何事物的意志为转移,所以又是"无心"。天地的无心处体现在无有私心,普及万物,其有心处,在关照万物,无一遗漏,且各依理而生。所以"无心"体现其客观性,而"有心"则体现其规律性。

道夫言[1]:"向者先生教思量天地有心无心。近思之,窃谓天地无心,仁便是天地之心。若使其有心,必有思虑[2],有营为[3]。天地曷尝有思虑来[4]!然其所以'四时行,百物生'者[5],盖以其合当如此便如此,不待思维[6],此所以为天地之道。"

曰:"如此,则《易》所谓'复其见天地之心'[7],'正大而天地之情可见'[8],又如何?如公所说,只说得他无心处尔。若果无心,则须牛生出马,桃树上发李花,他又却自定。程子曰[9]:'以主宰谓之帝,以性情谓之乾。'[10]他这名义自定,心便是他个主宰处,所以谓天地以生物为心。中间钦夫以为某不合如此说[11]。某谓天地别无勾当[12],只是以生物为心。一元之气,运转流通,略无停间,只是生出许多万物而已。"

问:"程子谓:'天地无心而成化,圣人有心而无为。'"

曰:"这是说天地无心处。且如'四时行,百物生',天地何所容心?至于圣人,则顺理而已,复何为哉!所以明道云[13]:'天地之常,以其心普万物而无心;圣人之常,以其情顺万事而无情。'[14]说得最好。"

问:"普万物,莫是以心周遍而无私否?"

曰:"天地以此心普及万物,人得之遂为人之心,物得之遂为物之心,草木禽兽接着遂为草木禽兽之心,只是一个天地之心尔。今须要知得他有心处,又要见得他无心处,只恁定说不得。"

——黎靖德编《朱子语类》卷一

[1] 道夫:杨道夫,字仲愚,建宁(今属福建)人。
[2] 思虑:思考计虑。
[3] 营为:谋求作为。
[4] 曷尝:未曾,从来没有。
[5] 四时行,百物生:语出《论语·阳货》。
[6] 思维:思量。
[7] 《易》:《周易》。引文为"复卦"彖辞。复:《周易》"复卦",下震上坤。见:同"现"。
[8] "正大"句为《周易》"大壮"卦彖辞。
[9] 程子:程颐,理学家,著有《程氏易传》。
[10] "以主宰"二句:引自《程氏易传》。
[11] 钦夫:张栻(1133—1180),字钦夫,号南轩,世称南轩先生。南宋理学家,创立湖湘学派。

［12］勾当：事情。

［13］明道：程颢（1032—1085），字伯淳，世称明道先生。

［14］"天地之常"四句：引自程颢《定性书》（又名《答横渠张子厚先生书》）普，全，广，遍。

太极与万物

〔**解题**〕题目系据正文所拟。朱子通过月散江湖的例子,表达了万物皆秉受同一个太极,即万物皆有共同性。朱子认为"理一分殊",即理是一个,但散在万物之上却又表现出不同。世间之物,不只物种不同,即使是人与人之间,同类与同类之间,其相貌、属性又相差何止千万!但理学所要研究的正是在这万千世界之中,是否有一个同一的存在,朱子的答案是"太极"。此"太极"也即"理",也即"道",即朱子所认为的天地万物之中形而上的最高存在。这个抽象的存在万事万物皆有,这便找到了天人合一的合一处,即虽然天人不同,但皆有太极,天有太极,人有太极,但并非存在两个太极,天之太极与人的太极为一,只是在天为天,在人为人罢了。

本只是一太极,而万物各有秉受,又自各全具一太极尔。如月在天,只一而已;及散在江湖,则随处而见,不可谓月已分也。

——黎靖德编《朱子语类》卷九十四

天 道 在 人

陆九渊

〔解题〕 题目系据正文所拟。陆九渊(1139—1193),字子静,抚州金溪(今江西省金溪县)人。南宋著名思想家,因讲学于象山书院,世称"象山先生"。选文认为道是"天之所以为天"的原因,而人受道而生。由此我们可以看出天与人之间的关系是,天蕴含道,人亦蕴含道,而道是连通天人关系的通道,由此可知天人于"道"上是合一的。不过陆九渊又讲"天降衷于人,人受中以生",天人之间有个先后问题,所以此"天"虽非伦理之天,亦可见其天人理论既合一又是有等级的。

大哉!圣人之道。洋洋乎发育万物,峻极于天[1],优优大哉[2]。天之所以为天者,是道也。故曰"唯天为大"。天降衷于人[3],人受中以生[4],是道固在人矣。

——《陆九渊集·与冯传之》

[1] 峻极:高大无比貌。
[2] 优优:宽裕貌。
[3] 衷:福,善。
[4] 中:同"衷",福,善。

公 理 同 心

陆九渊

〔解题〕本文选自《陆九渊集》卷十五之"与唐司法"的书信。陆九渊论述求理不可存门户之见,这当然是针对时人求理各有所党、不容他见而言。此论对于今天仍有现实意义。做学问自是为探究真理,而真理自是存在于天地之间,自应以独立的人格和精神去精研探求。无数古往今来的学者亦是如此,为了真理不存私见。但是也有许多人,为了维护自己的学术权威,不容异见表达,此举对于探究真理的精神实在是有所损害。正如陆九渊所讲,"理乃天下之公理,心乃天下之同心",学者应该探究的是人类存于此间所要追求的真理,而非门户立场之私见。所谓"异端"也应是指违背真理的"异端",而绝非不同己见即视为"异端"。不只做学问,为人更应怀公义、公理,方是坦荡正途。

学者求理,当唯理之是从[1],岂可苟私门户[2]!理乃天下之公理,心乃天下之同心,圣贤之所以为圣贤者,不容私而已。

——《陆九渊集·与唐司法》

[1] 唯理之是从:只遵从于理。唯,只,单。
[2] 苟私:偏私。

人者天地之心

王守仁

〔解题〕题目系据正文所拟。王守仁(1472—1529),字伯安,浙江余姚人,世称"阳明先生"。弘治十二年(1499)进士,历任刑部主事、南赣巡抚、两广总督等职。为明代著名的思想家,心学集大成者。选文即心学的经典论述。人为天地之心,则是将人置身在天地一个整体框架之内的表述,着眼处并非人、物些小处。人在天地万物这个宇宙整体之中,且是心所在的位置,则自然与天地万物为一体。这如同人体,心等五脏虽各有官功,但皆构成人之整体。而阳明先生的观点承继孟子"性本善"而来,认为人心皆是一体的,在未经沾染未发感情之初皆是一样的,性本良善,所知也是良知,所以由此出发,致良知便成为修身成圣的唯一途径。而若能致良知,即回归本心,则一切外物如同己身,那么天地万物自为一体。这个逻辑思路正是传统儒家的反向表达,儒家认为修身齐家以至平天下,是由自身修养放大,而阳明先生则认为天地万物本为一体,那么如果回归本心,则"视人犹己,视国犹家"。致良知,则言行皆当,人皆悦服,合于圣人治天下之法。阳明先生说圣人治天下之法"何其简且易",殊不知"致良知"三字写来容易,要实现又何其之难。世界之大,要举世皆靠自修来实现,更是难比登天!

夫人者,天地之心。天地万物,本吾一体者也,生民之困苦荼毒,孰非疾痛之切于吾身者乎?不知吾身之疾痛,无是非之心者也。是非之心,不虑而知,不学而能,所谓良知也。良知之在人心,无间于圣愚,天下古今之所同也。世之君子,惟务致其良知,则自能公是非,同好恶,视人犹己,视国犹家,而以天地万物为一体。求天下无治,不可得矣。

古之人所以能见善不啻若己出[1],见恶不啻若己入,视民之饥溺犹己之饥溺,而一夫不获若己推而纳诸沟中者[2],非故为是而以蕲天下之信己也[3],务致其良知,求自慊而已矣[4]。尧舜三王之圣,言而民莫不信者,致其良知而言之也;行而民莫不说者[5],致其良知而行之也。是以其民熙熙皞皞[6],杀之不怨[7],利之不庸[8],施及蛮貊[9],而凡有血气者,莫不尊亲,为其良知之同也。呜呼!圣人之治天下,何其简且易哉!

——《阳明先生集要·理学编卷四》

[1] 不啻(chì 赤):如同。

[2] "而一夫"句:只要有一个人没有安顿好,就觉得是自己把他推进了阴沟之中。

[3] 蕲(qí 其):求。

[4] 自慊:自我满足。慊(qiè 怯),满足,满意。

[5] 说:同"悦",喜悦。

[6] 熙熙皞皞:非常和乐。熙,和乐。皞(hào 浩),通"昊",广大。

[7] 杀之不怨:谓圣人以良知而言行,百姓犯错即使被处死也不会有怨恨之心。

[8] 利之不庸:谓圣人以良知而言行,百姓们获益,圣人也不以之为功。庸,功绩。

[9] 蛮貊(mò 莫):本指南蛮、北狄。后指四方未开化民族。

天地万物与人原是一体

王守仁

〔解题〕题目系据正文所拟。选文称"天地万物与人原是一体",但所谓一体并非完全一致,而是皆有共同性,即"良知",也即心,也即"一点灵明"。其中的"天地无人的良知,亦不可为天地"的言论可谓振聋发聩,将天地完全纳入人的视角而与之平视。虽然认为天地万物是一体的,但分明强调了人的核心地位。人不是天地的附庸,甚至是"天地之心",但同时草木瓦石也并非心外之物,与人心、与人的良知同知同感。所以,阳明先生上不仰视天地,下不俯视万物,而是以平等之心对待天地万物。他认为人心自在天地之中,与佛家不同,不出世避世而自然拥抱宇宙,的确大儒之风。

朱本思问[1]:"人有虚灵[2],方有良知。若草木瓦石之类,亦有良知否?"

先生曰:"人的良知,就是草木瓦石的良知。若草木瓦石无人的良知,不可以为草木瓦石矣。岂惟草木瓦石为然,天地无人的良知,亦不可为天地矣。盖天地万物与人原是一体,其发窍之最精处,是人心一点灵明。风雨露雷,日月星辰,禽兽草木,山川土石,与人原只一体。故五谷禽兽之类,皆可以养人[3];药石之类,皆可以疗疾[4]。只为同此一气,故能相通耳。"

——《阳明先生集要·理学编卷二》

[1]朱本思:朱得之,字本思,号近斋,靖江(今属江苏)人。求学于道家。

[2]虚灵:道家词汇,谓人的空虚灵明,虚空方能容纳万物,灵明方能感知。

[3]养人:谓五谷禽兽皆可以为人食物,滋养人体。

[4]疗疾:谓药石可以治疗疾病。传统中医皆以草木药石为中药,故称。

人心是天渊

王守仁

〔**解题**〕题目系据正文所拟。黄直的提问是针对穷究物理的疑问，即如果遇到任何一件事物都要探究其理，以获取认知，那么以天下之大，何时能够穷究，方能达到圣人境界。阳明先生从两个方面进行了回答：一是人心即是天渊。此点与心外无物，人心为天地之心是一脉相承的，即心与天地万物为一体；二是部分即整体，即所探究的某一事一物之理即包含了天地万物之理，因为理是一个而不是两个。

黄以方问[1]："先生格致之说，随时格物以致其知，则知是一节之知[2]，非全体之知也，何以到得'溥博如天，渊泉如渊'地位？"[3]

先生曰："人心是天渊。心之本体，无所不该[4]，原是一个天。只为私欲障碍，则天之本体失了。心之理无穷尽，原是一个渊。只为私欲窒塞，则渊之本体失了。如今念念致良知，将此障碍窒塞一齐去尽，则本体已复，便是天渊了。"乃指天以示之曰："比如面前见天，是昭昭之天；四外见天，也只是昭昭之天。只为许多房子墙壁遮蔽，便不见天之全体。若撤去房子墙壁，总是一个天矣。不可道眼前天是昭昭之天，外面又不是昭昭之天也。于此便见一节之知，即全体之知；全体之知,即一节之知,总是一个本体。"

——《阳明先生集要·理学编卷二》

  [1] 黄以方:黄直,字以方。江西金溪人。嘉靖进士,曾问学于王阳明。

  [2] 一节之知:谓片段的认知,与后文"全体之知"相对。

  [3] 溥博如天,渊泉如渊:语出《中庸》,述圣人境界广阔如天空,深远如深渊。溥博,周遍广远。溥(pǔ普),广大。渊泉,深远。渊,深水,深渊。

  [4] 无所不该:无所不包。该,同"赅",完备。

山 水 媚 道

赠从弟（其二）

刘 桢

〔**解题**〕刘桢（186—217），字公幹，东平宁阳（今山东宁阳）人，建安七子之一。擅长五言诗，曹丕称"其五言诗之善者，妙绝时人"。《赠从弟》凡三首，今选其二。本诗以比兴手法，写"山上松"与"谷中风"。以风声之"盛"写松枝之"劲"，面对如此冰霜惨凄，仍然"端正"的原因，是松柏自有不惧寒霜的本性。诗人写景言志，勉励堂弟应坚贞如松柏，不可随风摇摆，失去本性。全诗虽题为《赠从弟》，却无一字涉及从弟，只以"松柏有本性"相赠，重在气节的勉励，遂使情义更深。

亭亭山上松[1]，瑟瑟谷中风[2]。风声一何盛[3]，松枝一何劲！冰霜正惨凄[4]，终岁常端正[5]。岂不罹凝寒[6]，松柏有本性！

——《文选》卷二十三

[1] 亭亭：耸立貌。
[2] 瑟瑟：风声。
[3] 一：加强语气。何：何其。
[4] 惨凄：酷烈。
[5] 端正：端直，状写不屈貌。
[6] 罹：遭受。凝寒：严寒。

赠兄秀才入军诗(选二)

嵇 康

其一

〔解题〕嵇康(223—262),字叔夜,谯郡铚(今安徽宿州)人。竹林七贤之一,曾拜中散大夫。康超迈不群,博闻任侠。《赠兄秀才入军》是嵇康所写的一组四言古诗,为送其兄嵇喜参军而作,凡十八首,组诗仿《诗经》形式,言简义丰。本诗为其一,写鸳鸯悠游自得地飞行,表达了对兄长此去从军的祝福,望其如鸳鸯般能自由飞扬于天地之间,不受拘束。诗句写鸳鸯飞翔之张扬,安歇之随意,双双和谐姿态。表达祝福之外,也表达了不能与兄长同行的遗憾。

鸳鸯于飞[1],肃肃其羽[2]。朝游高原,夕宿兰渚[3]。邕邕和鸣[4],顾眄俦侣[5]。俯仰慷慨[6],优游容与[7]。

——逯钦立辑校《先秦汉魏晋南北朝诗·魏诗卷九》

[1] 于飞:鸟类比翼偕飞。
[2] 肃肃:鸟飞时扇动翅膀的声音。
[3] 兰渚:生有兰草的小洲。
[4] 邕邕:和谐貌。
[5] 顾眄(miǎn 免):回头看,转头看。

［6］慷慨：志气昂扬。

［7］优游容与：安闲自得状。

其十四

〔解题〕 本诗为《赠兄秀才入军》之十四，诗人想象兄长从军余暇之时感受山水自然乐趣。一二句写休息于长满兰草的园地，饲马于开满鲜花的山间。三四句写平地猎禽，长河垂钓。以上四句皆是想象从军经过美好山水而得自然之乐。而五六句则写眼睛看着归飞的大雁，手里抚着五弦琴。而如此悠游情境下，上下探索，对天地自然之道有所感悟。正如《庄子》所写，捕到鱼就可以忘掉竹筌，已得至道，又何必言说？但是知音如兄长者已离去，君若有所感，又能跟何人言说？全诗皆想象之情之景，然而刻画如在目前。"目送归鸿，手挥五弦"历来为人所称道，认为是高士形象，妙不可言。而诗人正是通过想象兄长极目相送大雁归飞，手里一面抚着五弦琴的形象，表达了心若通达至道，则身体并不需要四方游走之意。魏晋时期，谈玄为尚，嵇康以兄长嵇喜为知音，兄长一去，遂有无可与言者之慨，这既是标明其品性高洁，亦含有孤高之意。玄，本来就是指天地之奥秘，嵇康写兄长"游心太玄"，即探幽索奥在自然山水之间，在人与自然的和谐共处中驰骋思想活力。所以，探究终极奥秘，在仰观俯察而生自得之乐的瞬间，正是天人合一的理想境界。

息徒兰圃[1]，秣马华山[2]。流磻平皋[3]，垂纶长川[4]。目送归鸿，手挥五弦[5]。俯仰自得，游心太玄[6]。嘉彼钓叟，得鱼忘筌[7]。郢人逝矣，谁与尽言[8]。

——逯钦立辑校《先秦汉魏晋南北朝诗·魏诗卷九》

[1] 息徒:军队休息。息,休息。徒,士卒。兰圃:长有兰草的园地。

[2] 秣马:饲马。华山:意谓开满鲜花的山野。华,同"花"。

[3] 磻(bō 播):打猎时系有丝绳的石头。平皋:水边平地。

[4] 纶:钓丝。

[5] 归鸿:归飞的大雁。五弦:五弦琴。

[6] 俯仰:随意的举止。太玄:至道,此谓老庄天地自然之道。

[7] 筌:装鱼的竹篓。《庄子·杂篇·外物》说,筌是捕鱼的工具,得鱼以后就可以扔掉筌了;同样,语言是表意的工具,得意就可以忘言。

[8] "郢人"二句:谓兄长此去从军,我就像郢人一样,再也没有可以尽言的人了。《庄子·徐无鬼》有一段寓言说曾有郢人将白土在鼻上涂了薄薄一层,像苍蝇翅似的,叫匠石用斧子削去它。匠石挥斧成风,眼睛看都不看一下,把白土削干净了。郢人的鼻子毫无损伤,他的面色也丝毫没有改变。郢人死后,匠石的这种绝技再也无法施展,因为再也找不到同样的对手了。

杂 诗(其三)

张 协

〔解题〕张协,字景阳。安平武邑(今属河北)人。与兄张载、弟张亢皆有才名,并称"三张"。张协长于五言诗,善于描摹事物形态,钟嵘《诗品》将之列为上品。其《杂诗》凡十首,此为其三。写秋景秋思用思极深,如《诗品》所言:"风流调达,实旷代之高手"。起首一个"扇"字便不落俗套,将秋风吹来节气变的意味刻画得十分生动,而"启"字则写红霞似乎打开了阴暗的界限。三四句写腾云聚集状如烟雾涌起,密雨如散落的细丝。此两句描写极为形象,写出云层聚集的涌动之态与雨丝散落细密的细节形象。五六句"寒"状花发之时,而"滋"则写秋草绿意生机盎然之态。触景而生情,写景即抒情,此诗好处就在景物刻画。

金风扇素节[1],丹霞启阴期[2]。腾云似涌烟[3],密雨如散丝[4]。寒花发黄采[5],秋草含绿滋[6]。闲居玩万物,离群恋所思[7]。案无萧氏牍,庭无贡公綦[8]。高尚遗王侯[9],道积自成基[10]。至人不婴物[11],余风足染时。

——《文选》卷二十九

[1] 素节:秋节,秋季。
[2] 阴期:阴凉之期。

[3] 腾云:上下翻腾的乌云。涌烟:烟雾涌动出来。

[4] 密雨:密集的雨水。散丝:散乱的丝线。

[5] 采:颜色。

[6] 滋:生长。

[7] 闲居、离群:独处,独居。

[8] "案无"二句:谓案头没有萧氏的书籍,庭中没有贡公的足迹,表明诗人无意与社会名流往来,不想得到他们的举荐。萧望之为汉代名流,贡公曾前往结交以图举荐。

[9] 高尚遗王侯:品性清高,不事王侯。高尚,品性清高。遗,抛弃,此谓不仕。

[10] 道积自成基:专心修养,自能成就。

[11] 婴:触,缠绕。

敕 勒 歌

〔**解题**〕本诗是北朝乐府民歌,《乐府诗集》列入"杂歌谣辞"。据《乐府诗集》引《乐府广题》,北齐神武帝高欢进攻北周的玉璧,士卒死伤几乎一半。高欢因愤病发,又因周王下令击杀,听闻后,勉力而坐,为安抚士众,请斛律金(鲜卑人)演唱词曲,自己唱和。本诗原本以鲜卑语,译为汉语,以大气磅礴的语调描绘了雄浑壮阔的草原风光。诗句语言极其简练,意境却非常开阔,状写敕勒川突出其广袤、肥美,而牛羊可以恣意生息其间。诗歌无一字抒写人的感情,但为草原家乡的壮阔肥美而自豪的情绪,却弥漫在字里行间。难怪高欢以此激发士气,令人想见当时情景。

敕勒川[1],阴山下[2],天似穹庐[3],笼盖四野。天苍苍,野茫茫,风吹草低见牛羊[4]。

——《乐府诗集》卷八十六

[1] 川:平川,原野。敕勒川,因敕勒部族居于此处而得名。

[2] 阴山:山脉名,横亘于今内蒙古自治区南境、东北至内兴安岭。

[3] 穹庐:游牧民族所居的圆顶帐幕,俗称蒙古包。此谓敕勒川辽阔无际,天似笼罩在原野上的帐幕。

[4] 见:同"现"。

兰亭集序

王羲之

〔解题〕 王羲之(303—361),字逸少,东晋著名书法家,被誉为"书圣"。琅琊(今属山东临沂)人,后迁会稽山阴(今浙江绍兴)。历任秘书郎、宁远将军、江州刺史,会稽内史,领右将军,世称"王右军"。其书法融汇诸体,自成一家,风格自然,遒健美秀。本篇为千古名篇,不仅文字优美,脍炙人口,且因书法之妙而被称为"天下第一行书"。其行文立意高远,文笔流畅,气韵生动,文章本身亦是短文精品。本文为东晋穆帝永和九年(353)三月三日,王羲之与谢安、孙绰等四十一人,在山阴兰亭"修禊",会上各人做诗,王羲之为之作序。文章写兰亭聚会盛况与周围自然之美,抒发其对人生与生命的感慨。魏晋之时,政权更迭频繁,士大夫对于死生一事颇多感慨,常慨叹于生之短暂,故常有及时行乐之情。彼时热衷谈玄,一者可以拓宽生命厚度,二者亦是"莫谈国事"的某种折射。而本文则颇有不同,直面死生,热爱生活,拥抱自然。兰亭一会,据文中所写"群贤毕至,少长咸集",是为盛会,更兼山水清美,令人心旷神怡。在此情景下,"仰观宇宙""俯察品类",在"游目"之间尽情开放怀抱,迎接自然,此情此景,正是天人合一,其乐融融!当然,王右军自知"一死生"与"齐彭殇"皆是虚妄,这也是入世清醒的表现。最后写到"后之视今,亦犹今之视昔",颇含哲理,启人深思。要之,王右军之所谓乐,并非是虚幻地期待长生而妙探玄虚,而是打开怀抱接纳自然的生命真实。如此,则尽得天人合一之妙,再加书法一绝,双绝同现,故此文成千古名篇。

  永和九年[1],岁在癸丑[2]。暮春之初[3],会于会稽山阴之兰亭[4],修禊事也[5]。群贤毕至,少长咸集。此地有崇山峻岭,茂林修竹[6]。又有清流激湍[7],映带左右[8],引以为流觞曲水[9],列坐其次[10],虽无丝竹管弦之盛,一觞一咏,亦足以畅叙幽情[11]。

  是日也,天朗气清,惠风和畅[12]。仰观宇宙之大,俯察品类之盛[13],所以游目骋怀[14],足以极视听之娱[15],信可乐也[16]。

  夫人之相与[17],俯仰一世[18]。或取诸怀抱,晤言一室之内[19];或因寄所托,放浪形骸之外[20]。虽趣舍万殊[21],静躁不同[22],当其欣于所遇[23],暂得于己,快然自足,曾不知老之将至[24]。及其所之既倦[25],情随事迁,感慨系之矣[26]。向之所欣[27],俯仰之间,已为陈迹,犹不能不以之兴怀[28],况修短随化[29],终期于尽[30]。古人云"死生亦大矣",岂不痛哉!

  每览昔人兴感之由,若合一契[31],未尝不临文嗟悼[32],不能喻之于怀[33]。固知一死生为虚诞[34],齐彭殇为妄作[35]。后之视今,亦犹今之视昔,悲夫!故列叙时人[36],录其所述[37]。虽世殊事异,所以兴怀,其致一也[38]。后之览者,亦将有感于斯文。

——《晋书》卷八十引

[1] 永和:晋穆帝年号(345—356)。永和九年即 353 年。
[2] 癸丑:古人以干支纪年,永和九年,岁次癸丑。

［3］暮春:晚春,谓农历三月。

［4］会稽:郡名,今浙江北部、江苏东南部一带地区。郡治在山阴(今浙江绍兴)。兰亭:亭名,在今绍兴西南的兰渚山麓。

［5］修禊(xì细):古代的一种风俗,临水而祭,以祓除不祥。古时以三月上旬的巳日为修禊日,魏以后改为三月三日。

［6］修:长。

［7］激湍(tuān团阴平):急流。

［8］映带左右:谓水流环绕于兰亭左右。

［9］流觞(shāng商)曲水:古人依修禊的习俗,在每年阴历的三月三日,在水边盥洗,借以驱邪。后来参加者坐在曲折环绕的水流旁,在上游放酒杯,任它顺水流下,停在何处,则由某人取酒杯而饮。觞,酒杯。曲水,古代修禊盛会,引水曲曲成渠,流觞畅饮。

［10］次:处所,地方。此谓水边。

［11］幽情:幽雅的情意。

［12］惠风:和风。

［13］品类:物类,此谓万物。

［14］游目骋怀:纵目观览,舒展胸怀。游,流动。骋,奔驰,此谓舒展。

［15］极:尽。此谓尽情享受。视听:耳目。

［16］信:诚,实在。

［17］相与:相处,相交接。

［18］俯仰一世:俯仰之间一生就过去了,喻指时间短暂。俯仰,低头抬头。

［19］"或取诸"二句:有的在室内和朋友畅谈,各抒情怀。诸,之于。怀抱,胸怀抱负。晤言,对面交谈。

［20］"或因寄"二句:有的随着自己的爱好,寄托自己的情怀,不受任何拘束,自由自在地生活。因,依,随着。寄,寄托。放浪,放纵,无拘束。形骸,身体,形体。

［21］趣(qǔ取)舍:即取舍,爱好。趣,通"取"。万殊:千差万别。

［22］静躁:性情的安静与躁动。静指"晤言一室之内"者。躁指"放浪形骸之外"者。

〔23〕欣于所遇:对于所接触的事物感到快乐。欣,快乐,喜欢。遇,遇见,此谓接触。

〔24〕曾:简直,还。

〔25〕之:往,此谓向往,追求之意。

〔26〕系:附着,随着。

〔27〕向:过去,从前。

〔28〕以:因。兴怀:产生感慨。

〔29〕修短随化:人的寿命长短由自然造化决定。修短,长短,此谓人的寿命长短。化,自然造化。

〔30〕终期于尽:最终都要消灭。期:限期。

〔31〕若合一契:如同两个半契相合为一,喻指人们的想法都很一致。

〔32〕临:对着。

〔33〕不能喻之于怀:不能把(所嗟悼的)在心里解释明白。喻,解释。

〔34〕固:本来。一死生:认为生与死是一样的。一,用作动词,看成一样。虚诞:荒谬。

〔35〕齐彭殇:把长寿和短命等同看待。齐,用作动词,看作同等。彭,彭祖,古代传说中的长寿人物,据说活了800岁。殇(shāng 伤),短命早死的人。妄作:胡乱造作。

〔36〕列叙时人:逐一记叙下当时参加集会的人。

〔37〕录其所述:写下他们所作的诗篇。

〔38〕致:意趣,情致。

石壁精舍还湖中作诗

谢灵运

〔解题〕谢灵运(385—433),陈郡阳夏(今河南太康)人,生于会稽始宁(今浙江上虞)。晋安帝元兴元年(402),袭封康乐公,世称"谢康乐"。历任中书侍郎、永嘉太守,秘书监等职。诗文甚工,山水诗开一代之风。本诗作于景平二年(424)夏,写游湖所见所感。上一年,灵运托病回乡,乃祖谢玄有庄园含南北二山,祖宅在南山,另宅于北山。石壁精舍为灵运于北山处一书斋。精舍,为儒家授徒之处,后亦以此名佛舍。湖,谓巫湖,在南北两山之间,为往返必经水道。此诗为谢氏山水诗之上佳之作,多有名句。开首两句用语凝练,"变""含"二字写黄昏与清晨的天气变换,而山水早晚都蕴含着清越的气息。"林壑"两句尤为著名,暮色聚敛于林谷间,云霞收束于晚照处。"敛""收"二字使得动态摇曳。经此游历,则心情是"愉悦"的,颇为"意惬"。由此而生发理趣的思索与感慨,虽稍嫌刻意,但亦属人之常情。此诗以先写石壁周边山水之美,再写出谷回南山,登舟游湖。再写湖中晚景之静谧,继写返归于"虑澹"之中心意绪,条理井然。诗人领略自然美景之后,心情愉悦,"意惬"于不受世俗烦扰,此刻心胸打开,也是拥抱自然时刻。虽有玄言的尾巴,也可谓天人合一的自然之道。

昏旦变气候[1],山水含清晖[2]。清晖能娱人,游子憺忘归[3]。出谷日尚早,入舟阳已微。林壑敛暝色[4],云霞收夕霏[5]。芰荷迭映蔚[6],蒲稗相因依[7]。披拂趋南径[8],愉悦偃东扉[9]。虑澹物自轻[10],意惬理无违[11]。寄言摄生客[12],试用此道推。

——《文选》卷二十二

[1] 昏旦:黄昏和清晨。

[2] 清晖:谓山光水色。

[3] 憺:安适貌。

[4] 敛:聚集。暝色:暮色。

[5] 夕霏:傍晚空中的云霞。

[6] 芰(jì技):菱。迭映蔚:谓芰荷光色相互映照。

[7] 蒲:菖蒲。稗(bài拜):稗草。相因依:相互倚扶。

[8] 披拂:拨开掩路的草木。披,打开,散开。

[9] 偃:歇息。东扉:东屋的门。

[10] "虑澹"句:清静寡欲自会看轻利禄。虑澹,思虑澹泊。物,外物,谓利禄。

[11] 意惬:惬意,心里舒服。

[12] 摄生客:养生的人。摄,持。

土地人物之美

刘义庆

〔**解题**〕题目系据正文所拟。《世说新语》为南北朝刘义庆组织编写,主要记述魏晋名士逸闻趣事、玄言清谈和放浪之行。本文记述了王济与孙楚各自谈论家乡风土人物的对话。王济孙楚二人之论都将山水风貌与人格情操结合起来,让人想见各自家乡之美好。如此对话正体现出有何样水土则孕育何样人才的观点,人的性格特点之养成与家乡的风物总会有密不可分的关系。

王武子、孙子荆各言其土地人物之美[1]。王云:"其地坦而平,其水淡而清[2],其人廉且贞[3]。"孙云:"其山嶵巍以嵯峨[4],其水㳌渫而扬波[5],其人磊砢而英多[6]。"

——《世说新语·言语第二》

[1] 王武子:王济,字武子,太原晋阳人,司徒王浑次子。孙子荆:孙楚,字子荆,太原中都人。骠骑将军孙资之孙,南阳太守孙宏之子。官至冯诩太守。

[2] 淡:谓水质好,甘甜。

[3] 贞:正,正直。

[4] 嶵(zuì 罪)巍:山高峻貌,同"崔嵬"。嵯峨:山高峻的样子。

[5] 㳌渫(xiá dié 狭叠):水波相连貌。

[6] 磊砢(luǒ 裸):树木多节。喻人有奇才异能。

松柏之质,经霜弥茂

刘义庆

〔解题〕题目系据正文所拟。文中写与简文帝同岁的顾悦,当被问及为何头发白得早的回答。顾悦并不回答为何先白,而是以草木比喻。一方面,以外貌上如"望秋而落"的蒲柳比喻自己与简文帝虽是同年,但是却随着年龄的增加,早早染上衰弱之气。前半句是客气而委婉地谦虚自己衰老得早,而简文帝却不见衰势。一方面,则以本质却是"经霜弥茂"的松柏来比喻自己外表虽有老态,但内在里依然健康昂扬,如经霜的松柏一样。后半句也委婉地表达了自己气势正盛的心态。以物喻人的心态、体魄,言简而意丰,不卑不亢,耐人寻味。

顾悦与简文同年[1],而发蚤白。简文曰:"卿何以先白?"对曰:"蒲柳之姿[2],望秋而落[3];松柏之质,经霜弥茂。"

——《世说新语·言语第二》

[1] 顾悦:字君叔,晋陵人。官至尚书左丞。简文:晋太宗简文帝司马昱,字道万。

[2] 蒲柳:柳树的一种,多生于水边,又名水杨。

[3] 望秋而落:喻指未老先衰。望,向。

会心处不必在远

刘义庆

〔**解题**〕题目系据正文所拟。文中写简文帝到华林园发表的感慨。华林园是皇家园林,而濠、濮是庄子的典故,代表了悠游自然,两者看来是正好相反的,一在庙堂之高政务缠身,一在山水之远自由闲乐,但简文帝却认为"会心处不必在远",即使是普通的林园,也能犹如身处野外,连鸟兽禽鱼也与人相亲。天人合一,讲究人与自然的和谐共处,发现自然的美好,欣赏自然的美好,并能与自然融为一体。但"天"并不都在荒野之外、人境之外,若存一颗不受束缚的自然之心,身处何处皆可与自然相合,也便无处不是美景了。

简文入华林园[1],顾谓左右曰:"会心处不必在远[2],翳然林水[3],便自有濠、濮闲想也[4],觉鸟兽禽鱼自来亲人。"

——《世说新语·言语第二》

[1] 华林园:宫苑名。在东晋都城健康(今南京)。本是吴旧宫苑,晋渡江后,仿洛阳名园修葺而成。

[2] 会心:领悟、领会,神意相得。

[3] 翳然:障蔽、遮蔽之状。

[4] 濠、濮:二水名。濠,在安徽凤阳县东北。濮,为古黄河济水的分流,在河南境内。《庄子·秋水》载庄子与惠子游于濠梁之上及垂钓濮水的故事,抒发了庄子远离尘世、回归自然的向往。想:情怀。

山川之美

刘义庆

[解题] 题目系据正文所拟。顾恺之从会稽休假回荆州,人们问他当地山川之美,恺之以几个意象回答。"千岩竞秀,万壑争流"两句,气象磅礴,既写出会稽郡岩石之多之秀,沟壑流水之多之急,同时喻指人才济济,各有所长。"草木蒙笼其上,若云兴霞蔚",写出山岩之上绿色笼罩,云霞绚丽,同时喻指生气勃勃,气象不凡。人问山川美,恺之答之山川美,无关人物,但却在摹写自然风物时,令人自然想见其地俊才之精神风貌。

顾长康从会稽还[1],人问山川之美,顾云:"千岩竞秀,万壑争流,草木蒙笼其上[2],若云兴霞蔚[3]。"

——《世说新语·言语第二》

[1] 顾长康:顾恺之,字长康,小字虎头,晋无锡(今属江苏)人。博学有才气,尤善绘画。恺之其时为荆州刺史殷仲堪参军,休假后自会稽还荆州。会稽:郡名。晋治所在山阴(今浙江绍兴)。境内多名山丽水,风景特佳。

[2] 蒙笼:笼罩覆盖。

[3] 云兴霞蔚:云雾升腾,彩霞艳丽。谓绚烂多彩的壮观景象。蔚,谓云气弥漫。

山川使人应接不暇

刘义庆

〔解题〕题目系据正文所拟。文中记述了王献之从山阴道上行走过之后的感慨。"山川自相映发,使人应接不暇"二句,最是动人,虽然言语中并未具体描述山川如何秀美,但记述自己从山阴道上行走的真实体验,山川交相辉映,让人来不及欣赏。人在山中走,如在画中游,极言美景之多,流露出惊喜与欢乐之情。

王子敬云[1]:"从山阴道上行[2],山川自相映发,使人应接不暇[3]。若秋冬之际,尤难为怀。"

——《世说新语·言语第二》

[1] 王子敬:王献之,字子敬,东晋书法家,会稽山阴(今浙江绍兴)人。官至中书令。王羲之之子,与父齐名,世称"二王"。
[2] 山阴:县名。在会稽山北,晋属会稽郡,治所即今浙江绍兴。
[3] 应接不暇:美景太多,来不及观赏。

答谢中书书

陶弘景

〔解题〕 陶弘景(456—536),字通明,谥号贞白先生,丹阳秣陵(今江苏南京)人。曾官奉朝请,后辞官隐居句容茅山。因梁武帝有大事常咨询,被时人称为"山中宰相"。谢中书,名徵(一作微),字玄度,陈郡阳夏(河南太康)人。曾任中书鸿胪,所以称之为谢中书。本文是陶弘景回复谢徵谈山川之美的信件。全文以四言为主,杂以长短句,描写山水,落笔简约,点到即止,却勾勒出生动画面。

山川之美,古来共谈。高峰入云,清流见底。两岸石壁,五色交晖。青林翠竹,四时俱备。晓雾将歇,猿鸟乱鸣。夕日欲颓[1],沉鳞竞跃[2]。实是欲界之仙都[3]。自康乐以来,未复有能与其奇者[4]。

——《艺文类聚》卷三十七引

[1] 颓:落。

[2] 沉鳞:潜在水中的鱼。

[3] 欲界之仙都:人间天堂。欲界:佛教三界之一,即地域、饿鬼、畜生、修罗、人间即六欲天的总称。此界众生贪欲炽盛,故名。此谓人间。仙都,仙人居地。

[4] 康乐,谢灵运。灵运袭封康乐公,生平喜爱游山玩水。与:参与,即欣赏。

晚登三山还望京邑

谢　朓

〔解题〕谢朓（464—499），字玄晖，陈郡阳夏（今河南太康）人。谢朓与谢灵运同族，世称"小谢"。初任竟陵王萧子良功曹、文学，为"竟陵八友"之一。后官宣城太守，终尚书吏部郎，又称谢宣城、谢吏部。永明体代表作家。本诗为齐明帝建武二年（495）谢朓任宣城太守离京时所作，是谢朓山水诗的代表作。这首诗写登山临江所见到的春晚之景以及遥望京师而引起的乡国之思。在此诗中，诗人目力所及，见白日、飞甍、余霞、澄江、喧鸟、春洲、杂英、芳甸等多个意象，远近结合、动静相宜、错落有致地刻画出来，宛如一幅春日黄昏晚景图。"余霞散成绮，澄江静如练"，二句历来为人们所激赏，高处之余霞，低下之澄江，高低错落，一个成绮，一个如练，色泽不一。江面和空中宛如两面丝带，景色似乎凝固于美的瞬间。诗中写景佳句，其实不限于"余霞"两句，"白日"两句写远眺都城景象，鲜明真切。包括"喧鸟覆春洲"的意象，无不充满视觉质感。诗人并非一味写景，首尾处化用王粲与潘岳的诗句，表达了登江远眺之际的怀国之思，感人至深。三山，在今南京西南长江南岸。京邑，指建业（今江苏南京）。

灞涘望长安[1]，河阳视京县[2]。白日丽飞甍[3]，参差皆可见[4]。余霞散成绮[5]，澄江静如练[6]。喧鸟覆春洲，杂英满芳甸[7]。去矣方滞淫[8],怀哉罢欢宴。佳期怅何许[9],泪下如流霰[10]。有情知望乡,谁能鬒不变[11]?

——《文选》卷二十七

[1] 灞涘(sì寺):灞水之滨,灞也作霸。涘:岸。汉末王粲《七哀诗·其一》:"南登霸陵岸,回首望长安。"

[2] 河阳:今河南孟州。京县:谓洛阳。晋潘岳《河阳县作》:"引领望京室,南路在伐柯。"以上二句以王粲、潘岳望京喻己之望京。

[3] 丽:作动词用,使……明。飞甍:状写屋脊两檐如飞翼。甍(méng萌),屋脊。

[4] 参差:上下不齐貌。

[5] 余霞:晚霞。绮:有花纹的丝织物。

[6] 澄江:清澈的江水。练:白绢。

[7] 英:花。甸:郊野。

[8] 滞淫:久留。

[9] 佳期:谓返京城之期。

[10] 霰(xiàn现):小雪粒。

[11] 鬒(zhěn枕):黑发。变:谓变白。

与朱元思书

吴 均

〔解题〕吴均(469—520),字叔庠,吴兴故鄣(今浙江安吉)人。南朝文学家、史学家。其诗清拔有古气,时人效之,号"吴均体"。本文是用骈体写成的一篇书信,也是一篇山水小品。文章语言极为省净,全文凡一百四十四个字,却层次分明,笔调轻快,时有佳句。开头以"奇山异水,天下独绝"总领下文,继而描写自富阳到桐庐这一百里左右的奇绝山水。起笔先写整体风光,接着分写"水"与"山"。写水动静结合,各极其妙;写山重在山上之树,以寒树之争高直指,衬托出山形山势的叠嶂高耸。在这奇山异水中,有生物存在,其鸟、其蝉、其猿叫声各异。作者见此山水,遂生感慨:"鸢飞戾天者,望峰息心;经纶世务者,窥谷忘反。"不仅侧面衬托出险峰幽谷的奇绝,更传达出作者对官场政务的厌倦和寄情山水的渴望。该文重在写景,并未直接抒怀言志,不过从初见美景的"从流飘荡,任意东西"表达中,能令读者感受到自由无拘、毫无束缚的轻松自在;在对景物的描写中,也蕴含着作者对自然美的热爱和对自在的渴望。

风烟俱净[1],天山共色,从流飘荡,任意东西。自富阳至桐庐[2],一百许里,奇山异水,天下独绝。水皆漂碧[3],千丈见底;游鱼细石,直视无碍。急湍甚箭,猛浪若奔[4]。夹峰高山,皆生寒树,负势竞上[5],互相轩邈[6],争高直指,千百成峰。泉水激石,泠泠作响[7];好鸟相鸣,嘤嘤成韵。蝉则千转不穷[8],猿则百叫无绝。鸢飞戾天者[9],望峰息心;经纶世务者[10],窥谷忘反。横柯上蔽[11],在昼犹昏;疏条交映,有时见日。

——《艺文类聚》卷七引

[1] 风烟:谓富春江上的烟雾。净:消散。
[2] 富阳:今属浙江。桐庐:亦属浙江。二区县均临富春江。
[3] 缥碧:淡青色。缥,一作"缥"。
[4] 急湍:急流。甚箭:比箭快。奔:谓奔马,快马。
[5] 负势:凭借山的气势。
[6] 互相轩邈:互比高下。轩,高。邈,远。
[7] 泠泠:清越的水流声。
[8] 转(zhuàn 赚):通"啭",婉转地鸣叫。
[9] 鸢(yuān 渊)飞戾(lì 丽)天:鸢高飞至天。鸢,鹰。戾,至。
[10] 经纶世务:谓处理政事。经纶,经营。
[11] 柯:树枝。

江 水 注（节选）

郦道元

〔**解题**〕郦道元（469？—527），字善长，范阳涿鹿（今属河北）人。历任御史中尉、治书侍御史、荆州刺史、御史中尉、关右大使等职。道元好学，博览奇书，为《水经》做注。《水经》为记载全国水道的地理文献，道元考之典籍，又经实地游历，为之做注，其注地理学价值及艺术水平均极高。本文为《江水注》中写三峡部分，为描写三峡之名篇。文章用笔俭省，却又入木三分。入笔交代三峡七百里水路中，山连山，山势奇高，非正午和子夜看不到太阳和月亮。写夏季水涨，舟行之速，"朝发白帝，暮到江陵，其间千二百里，虽乘奔御风，不以疾也"。接着写四时变化之景，或者动中有静，如"素湍绿潭"，悬泉飞瀑；或者静中有动，如林寒涧肃中"高猿长啸"。作者文势时如三峡湍急之水，时如深潭倒影清幽，富有节奏。文章虽不直接抒写情感思绪，但如"清荣峻茂，良多趣味"等句，亦是作者内在情感起伏的外现。至于引渔者歌词以呼应高猿长啸，就更富于言外之意了。

　　自三峡七百里中，两岸连山，略无阙处[1]。重岩叠嶂，隐天蔽日，自非亭午夜分[2]，不见曦月[3]。至于夏水襄陵[4]，沿溯阻绝[5]。或王命急宣[6]，有时朝发白帝[7]，暮到江陵[8]，其间千二百里，虽乘奔御风[9]，不以疾也。春冬之时，则素湍绿潭[10],回清倒影。绝巘多生怪柏[11],悬泉瀑布,飞漱其间[12]。清荣峻茂[13],良多趣味。每至晴初霜旦,林寒涧肃,常有高猿长啸,属引凄异[14],空谷传响,哀转久绝。故渔者歌曰:"巴东三峡巫峡长,猿鸣三声泪沾裳!"

——《水经注》卷三十四

[1] 阙(quē 缺):同"缺"。

[2] 亭午:中午。夜分:半夜。

[3] 曦月:日月。曦,日光。

[4] 襄陵:夏季水涨,漫上山陵。襄,上。

[5] 沿:顺流而下。溯:逆流而上。

[6] 王命:朝廷文告。宣:宣布,传达。

[7] 白帝:城名,在今重庆奉节县东。

[8] 江陵:今湖北江陵县。

[9] 乘奔:乘着奔跑的马。奔,谓奔马,快马。御风:驾风。

[10] 素湍:雪白的急流。湍,急流。

[11] 绝巘(yǎn 掩):极高的山峰。怪(chēng 撑):树名。

[12] 飞漱:飞流冲荡。

[13] 清荣峻茂:水清,树荣,山高,草茂。

[14] 属(zhǔ 嘱)引:谓猿声不断。属,连。凄异:凄凉异常。

渡青草湖

阴铿

[**解题**] 阴铿（511？—563？），字子坚，武威姑臧（今甘肃武威）人。南北朝时代梁朝、陈朝著名诗人。青草湖，在今湖南省岳阳市西南，南岸有青草山，故名。此诗写春日渡船于青草湖之所见所感，用笔灵动而精致，写景生动，如在目前。起首两句交代时令，"溜满"似口语而颇形象，将春日湖水之大几欲溢出写得淋漓尽致。而"平"字则表示春风和煦，水面平远，彩帆招展。接着四句为虚写，以沅江桃花、湘江杜若、茅山仙洞、巫峡奇峰衬写青草湖之色、之香、之仙、之奇。"带天"两句写水天一色，"澄"写水天之清，"迥"写水天阔远，"映日"句刻画湖面反射阳光的动感美，意象真切。"行舟"句极写湖面阔大，行舟渐远，似与远树连为一体，给人逗留不动的直觉印象。"度鸟"句转换角度，写横渡之鸟不能一气呵成，须在船桅杆上暂时歇息。此两句写景入微，富有生活情趣。最后以感慨之语作结，笔力足以撑起全篇的内容。

洞庭春溜满[1]，平湖锦帆张[2]。沅水桃花色[3]，湘流杜若香[4]。穴去茅山近[5]，江连巫峡长[6]。带天澄迥碧[7]，映日动浮光[8]。行舟逗远树[9]，度鸟息危樯[10]。滔滔不可测[11]，一苇讵能航[12]？

——逯钦立辑校《先秦汉魏晋南北朝诗·陈诗卷一》

〔1〕洞庭：即洞庭湖，位于湖南省北部。溜满：犹言湖水浩森盛大。

〔2〕平湖：平静之湖，此谓青草湖。锦帆：色彩鲜明的船帆。

〔3〕沅水：即沅江，在今湖南省西部，经桃源县、常德市注入洞庭湖。桃花色：相传陶渊明《桃园源记》里的桃源，在沅水流域之内，故诗人有此联想。

〔4〕湘流：谓湘江。杜若：香草名。屈原《九歌》中曾多次写到湘水的杜若。

〔5〕穴：洞穴，此谓华阳洞。去：离。茅山：在今江苏省句容县东南，相传汉代茅盈、茅固、茅衷兄弟三人在此山的华阳洞得道成仙，故称茅山，后人一般视此山为道家修仙之地。

〔6〕巫峡：长江三峡之一，在今四川省巫山县东，因长江穿流巫山而得名。

〔7〕带天：谓水天相接。澄：清澈明净。迥：远。

〔8〕映日：阳光映照。动：晃动。浮光：水面上的反光。

〔9〕逗：逗留，停止。

〔10〕度鸟：度湖的飞鸟。危樯：高高的桅杆。

〔11〕滔滔：谓湖水浩森。

〔12〕一苇：指一叶扁舟。讵（jù 巨）：岂，怎。

入若耶溪诗

王 籍

[解题] 王籍,字文海,琅琊临沂(今山东省临沂市北)人。其人博览群书,才华横溢。本诗为作者任湘东王参军时,在会稽游若耶溪所作。若耶溪在会稽南若耶山下。诗人写泛舟所见所感,描绘出一幅清幽闲静的自然画面。"蝉噪林逾静,鸟鸣山更幽"被誉为"文外独绝"(《梁书·王籍传》),以凝练笔法写出动静相生的意味,且颇富理趣。写林静山幽不直言之,直言则少曲意,反而写蝉噪鸟鸣,以动写静,其静更静,更堪咀嚼。此外,三四句写"阴霞生远岫","生"字富有生机、动态。而"阳景逐回流"中"逐"字更有情趣,"逐回流"写出拟人之意态。在此幽静环境中,诗人触景生情,心生归隐之愿,自是情理之常,此正天人合一的境界。

舻艎何泛泛[1],空水共悠悠。阴霞生远岫[2],阳景逐回流[3]。蝉噪林逾静[4],鸟鸣山更幽。此地动归念,长年悲倦游。

——逯钦立辑校《先秦汉魏晋南北朝诗·梁诗卷十七》

[1] 舻艎(yú huáng 余皇):大舰名,此谓大船。泛泛:漂浮状。
[2] 阴霞:晚霞。远岫:远山。
[3] 阳景:日影。景(yǐng 颖),同"影"。回流:曲折的细流。
[4] 逾:通"愈"。

和晋陵陆丞早春游望

杜审言

〔**解题**〕杜审言(645？—708)，字必简，巩县(今属河南)人。杜甫祖父。唐高宗咸亨元年(670)举进士第，曾任隰(xí 习)城尉、洛阳丞等小官，累官修文馆直学士，是近体诗的奠基人之一。晋陵，唐朝县名，即今江苏常州，唐代属江南东道毗陵郡。陆丞，晋陵县丞，姓陆，其名不详，其时作者在同郡江阴县任职。本诗为和陆丞《早春游望》之作，为格律工整之五言律诗，结构和诗意上也有独到造诣。首联一个"独"字和一个"惊"字，写出了只有在外做官之人方对自然风物四时变化有特殊敏感，侧面写出了思乡之情。中间两联自然扣题，写出了早春游望所见所感。全诗情景交融，意趣悠长。尤其中间两联，"云霞""梅柳"两句将破晓与开春对应来写，时序转化表现为美感物象，绚烂多彩与春意盎然相呼应，真正千古创意。接下来"淑气""晴光"承接上联而来，却又将早春气象凝聚在"黄鸟""绿蘋"在春色中的清脆歌声上，意气贯通，意象灵动。再加结构完整，此诗自成经典。

独有宦游人[1]，偏惊物候新[2]。云霞出海曙，梅柳渡江春。淑气催黄鸟[3]，晴光转绿蘋[4]。忽闻歌古调[5]，归思欲沾巾。

——《杜审言诗注》

〔1〕宦游人:在外做官的人。

〔2〕物候新:景物应节候而发生的变化。

〔3〕淑气:春天温煦之气。黄鸟:黄鹂。

〔4〕"晴光"句:谓蘋叶在阳光下日渐变绿。蘋(pín 频):多年生水生蕨类植物,茎横卧在浅水的泥中,叶柄长,顶端集生四片小叶,全草可入药。

〔5〕古调:谓陆丞诗。

山 行 留 客

张 旭

〔**解题**〕张旭(675—约750),字伯高,吴县(今江苏苏州)人,历任常熟尉、金吾长史等职。此诗题目中的一个"留"字,统摄全诗。春光明媚,万物生辉,客人因为看到天阴便想归去,诗人于是劝客留下,告诉他说,即使晴天,身处深山,云气蒸腾,也会打湿衣衫的啊。诗意很简单,但却写得饶有趣味。一写出与客人为知己,不愿放客归去,情深意浓;二写春日如此之好,岂因小小"轻阴"便要归去,情调明快积极;三写天阴下雨要湿衣,天晴其实也要湿衣,何必离去?当然,言外之意也是在写人生总要遇到风雨,不如坦然面对,享受当下时光。小诗写景别有韵味,云深空翠湿人衣,自此成为一个典型的江南山水诗画意象。

山光物态弄春晖,莫为轻阴便拟归。纵使晴明无雨色,入云深处亦沾衣[1]。

——《张旭诗注》

[1] "纵使"二句:是劝客语,意谓纵使晴明不雨,云气亦常沾衣,不必因轻阴便拟归去。

次北固山下

王　湾

〔解题〕王湾(698—751),洛阳(今属河南)人。玄宗先天元年(712)登进士第,曾官荥阳主簿、河南洛阳尉等职。次,停泊。北固山,在今江苏镇江,北临大江。本诗为诗人早年泊舟北固山下所作。中间两联被唐人殷璠誉为"诗人以来,少有此句"。"潮平"两句写出景象之阔远充沛,空间开阔中凸显潮平风正。"海日"两句写想象深远有致,时间展延中凸显生息依存之理。对仗工整,饶有趣味。江水满溢而是江面延展,船上人视野随之开阔,胸襟亦随之开阔。恰值顺风推送,一派阔大高远而又自由开放的境象。五六句写海日由残夜生出,江春进入旧年之中,向来以为新奇。"生"和"入"两字使意象之间发生特殊联系,写出了时间延伸中的万物运转之理。但更为奇妙的是,这种宇宙运化的道理,被诗人转化为高度形象化的诗歌意象,如同所有观看日出的人,莫不是提前到场凝视着红日从夜色中逐渐诞生,与此相呼应,结句"入"字的奇妙处,是在"倒着写"春天来临的脚步,仿佛等不及似的,新春的脚步提前走到"旧年"里去了。这看似完全写景的句子,其实包含着情思。惟其如此,结尾的抒情就有着深厚的积淀。

客路青山外[1],行舟绿水前。潮平两岸阔[2],风正一帆悬[3]。海日生残夜,江春入旧年[4]。乡书何处达[5],归雁洛阳边[6]。

——《全唐诗》卷一百一十五

[1] 客路:行客前行之路。青山:此谓北固山。
[2] "潮平"句:谓潮水平稳江面宽阔。
[3] 风正:风顺。悬:挂。
[4] "海日"二句:谓旭日已经于海上生起,而残夜犹然未尽消;春意已经于江南踏入,而旧年尚且残存着。
[5] 乡书:家信。
[6] 归雁:北归的大雁。此谓家书。

宿建德江

孟浩然

〔**解题**〕建德江,浙江流经建德(今属浙江)水段。本诗为诗人于开元十六年(728)赴长安求仕不得之后漫游吴越,过建德江留宿时所作。第一句的"泊"字应和诗题,而第二句的"客愁新"才是诗眼。客愁为何,怀乡之思?怀才不遇?羁旅行役?读者不妨各自体察。三四句转为写景,而情思自然含蕴其中。三句写旷野无垠,极目远望处,天幕和远树弥合为暮霭苍茫之气。以简练的语言刻画深远广大景致,极具表现力。四句色调一转,写江水清澈,倒映明月,与人格外亲切。明月在中国古代是一个寄托乡思的常用意象,江水清澈,明月近人,分明有一种可以抚慰灵魂的自然力量,清江明月的永恒意象,被注入"月近人"的温馨气息,令人品味不尽。

移舟泊烟渚[1],日暮客愁新。野旷天低树,江清月近人。

——《孟浩然集校注》卷四

[1] 烟渚:烟雾笼罩中的江中小洲。

终南望余雪

祖 咏

[**解题**] 祖咏(699—746),洛阳(今属河南)人。开元十二年(724)进士及第。诗题为开元十二年进士科"杂文试"试题,限为六韵十二句。据《唐诗纪事》记载,祖咏只作了此四句就交卷了,考官惊讶而祖咏说:"意尽。"此诗为应试诗,题目系给定,终南,山名,在今陕西西安南,为关中名胜。诗人亦围绕此五字铺展。一句开篇写终南山风景秀丽,点出"终南"二字,同时"阴岭"即山北,点出有"余雪"的地点和可能。二句写积雪似乎漂浮于云端之上,以写终南山之高耸入云。同时,此句形象,正是远望所见,应题目中的"望"字。三句接着就"望"字来写,"霁色"点明雪后放晴,切合试题中的"余雪",而天色放晴于林木树梢背后,极富视觉真实感。四句写日暮之时,城中益觉寒冷,实写"雪"所带来的具体感受。此诗虽是应制,然而毫无做作之感,直率起笔,意尽而止,状终南余雪之景如在目前,戛然而止,留下来广阔的联想空间给读者。

终南阴岭秀[1],积雪浮云端。林表明霁色[2],城中增暮寒。

——《全唐诗》卷一百三十一

[1] 阴岭:谓终南山的北麓。古时以山北水南为阴。
[2] "林表"句:雪霁天晴,阳光下余雪之皎洁。林表:林梢。

汉江临泛

王 维

〔解题〕王维(701—761),字摩诘,河东蒲州(今山西运城)人。开元九年(721)进士及第。官至尚书右丞,世称"王右丞"。唐朝著名诗人、画家。晚年笃信佛教。苏轼称之:"味摩诘之诗,诗中有画;观摩诘之画,画中有诗。"(《书摩诘蓝田烟雨图》)王维与孟浩然同为盛唐山水田园诗之代表诗人,世称"王孟"。汉江,亦称汉水,发源于今山西宁强县,流经湖北,在汉阳注入长江。本诗写与襄阳地方官临泛汉江之上,写出了汉江壮阔俊美之景,用笔浓淡相宜,诗中有画。首联以壮阔之笔写汉江流域之曲折广远。二联转为淡笔写远景,江水自不会流到天地之外,山色自不会时有时无,然读来却绝无夸张造作之嫌,直觉一派江流长远而山色迷濛的景致浮现眼前,如同一幅静中有动的绝美山水画。而后,以见郡邑浮沉写舟行波涛汹涌,同时远处天空竟亦动荡起来。此联以反衬之笔,以直观错觉写出江水波澜之大。七八句以"好风日"总结,与回归山翁相对,意尽而止。此诗精彩处在中间两联,而此两联之精彩处,恰在为题目中的"临泛"二字传神,那四句所写的景色特征,都是乘船游人身在舟中的视觉观感,领会了这一点,就找到了解开诗意秘密的钥匙。

楚塞三湘接,荆门九派通[1]。江流天地外,山色有无中。郡邑浮前浦[2],波澜动远空[3]。襄阳好风日[4],留醉与山翁[5]。

——《王维集校注》卷二

[1]"楚塞"二句:写汉水流域之辽阔,南接三湘,西起荆门,东达九江。楚塞,楚国边界。此谓襄阳一带的汉水,因其在楚国之北部边境,故称。三湘,湘水与漓水合成漓湘,与蒸水合称蒸湘,与潇水合称潇湘,总称"三湘"。但古诗文中,"三湘"一般多泛指湘江流域及洞庭湖地区。荆门,山名。在今湖北宜都市西北的位于长江南岸,战国时为楚之西塞。九派,谓长江的九条支流。

[2]郡邑:此谓襄阳城。浦:水边。

[3]动:震动。此句谓波澜之大,如震动远处天空。

[4]风日:风光。

[5]与:犹"如"。山翁:谓晋朝山简。简,字季伦,山涛之子。曾以征南将军节镇襄阳,常往郡中豪族习氏园亭习家池嬉游宴饮,每饮辄醉,名之曰高阳池。此处用以借代襄阳地方官。

终 南 山

王 维

〔解题〕 本诗为开元二十九年(741)作者隐居终南山时所作,诗人以如椽巨笔,写出了终南山之高、之远、之广,与人烟稀少。首联写终南高得接近天帝所居之处,正是极言山之高,而山岭相连直到海角,可谓绵亘之远。三四句分别写入山和出山的不同感受,都从白云青霭的形态特征入手,但因为真实所见不同,写来真切而富有韵味。渐入深山之际的真实感受,重点在山间云雾由浓而淡直到完全看不见的变化,出山回望的景致则恰恰相反。中国古人讲求山水观照的移步换景和重重悉见,王维此诗,正是传统视觉艺术透视自觉的生动显现。五六句回应一二句作整体刻画,山脉连绵延展,包括了不同地域的景观,深得鸟瞰全貌之妙。以上六句写景,尾联一转,写问樵夫而投宿,可知诗人山行而不见人家,唯独得遇进山樵夫,尚需隔水而问,不在近前。如此构思,益发突出了终南山的高大深广,更增幽邃渺远之感。

太乙近天都[1],连山接海隅[2]。白云回望合,青霭入看无[3]。分野中峰变,阴晴众壑殊[4]。欲投人处宿,隔水问樵夫。

——《王维集校注》卷二

鸟 鸣 涧

王 维

〔**解题**〕本诗为《皇甫岳云溪杂题》五首之第一首。鸟鸣涧，一处山涧。诗人以鸟鸣涧为题，实则就是以春山鸟鸣为中心意象。但又以闲静开笔，桂花不管人闲还是不闲都是要落的，但似乎只有人闲下来才发现了桂花在落；春山不管夜静不静都是空的，但是只有当夜深人静了，才更觉得春山之空灵。此两句用笔极自然，不事雕琢，却又巧夺天工，言语简朴，寓意却深远。三四句写月亮出来竟然惊动了山中的鸟儿，于是开始在山涧中鸣叫。此句亦写出山涧之静，鸟儿本在休息，正因为太安静了，月亮出来竟然惊动了鸟儿，是月亮移动带来光影的变化，还是月亮太亮了，不得而知，亦何须知晓！无论怎样，月出鸟鸣的动态意象，缘此而诞生了。本诗空灵清秀，意境悠远，诗人闲适之心亦可得而见。

人闲桂花落[1]，夜静春山空。月出惊山鸟，时鸣春涧中。

——《王维集校注》卷七

[1] 闲：安静、寂静。桂花：亦称木犀。常见者为秋季开花，也有四季开花者。此处所写当是春天开花的一种。

山　中

王　维

〔解题〕本诗写初冬时节的山中景色。天气由秋转冬，渐渐凉下来了，水流也小了，但诗人不直写水流少，却写白石露出。诗人正是以极天真自然的笔法白描，道出一个简洁鲜明却耐人寻味的自然景象。二句写天气转寒，红叶见少，红叶常在秋日出现，此处写出时节之转变。如此时节，没有雨水，本不会打湿衣衫，而诗人却说"空翠湿人衣"，空翠自是指天气虽然转寒，但山中绿意仍然迷濛，如同水汽氤氲而打湿衣衫。全诗色彩亮丽，有白、有红、有翠，动中有静，近中有远，诗中有画，人在画中。

荆溪白石出[1]，天寒红叶稀[2]。山路元无雨[3]，空翠湿人衣[4]。

——《王维集校注》卷五

[1] 荆溪：本名长水，又称浐水、荆谷水，源出陕西蓝田县西南秦岭山中，北流至长安东北入灞水。

[2] 红叶：秋天，枫树等多种树木的叶子都变成红色，统称红叶。

[3] 元：原，本来。

[4] "空翠"句：状写山中翠色浓重弥漫，使人有湿衣之感。空翠：谓山间空气中都弥漫着的青翠颜色。

独坐敬亭山

李 白

〔解题〕李白(701—762),字太白,祖籍陇西成纪(今甘肃秦安),先世隋末因罪流徙西域,李白即出生在安西都护府之碎叶城(今吉尔吉斯斯坦共和国北部)。五岁时随父迁居绵州昌明(今四川江油)。李白一生放浪形骸,年轻起漫游天下,天宝初年奉召入京,供奉翰林,后被赐金放还。安史之乱中,入永王璘幕府,后被牵累而流放夜郎。中途遇赦,后漫游于当涂(今属安徽)而殁。与杜甫并称"李杜",为唐代诗坛并峙双峰。此诗为天宝十二年(753)诗人客居宣城时所作。敬亭山,在今安徽宣城北。题写《独坐敬亭山》,诗人以空灵笔法,五言四句写出天人合一的境界。一二句以"尽"字写众鸟高飞,以"闲"字写孤云独去。鸟飞尽和孤云去皆勾勒出"空"的观感,鸟虽为众,却都飞尽,云则为孤,自独闲去。此二句写出敬亭山空灵之感,似乎山中再无杂物,只有人和山。人在山中坐,人看山,山也在看人,所以为"相看"。人在此山忘掉其他,山中也似乎无有其他,人与山互相欣赏,似乎本来人就是与山合一的一样。此诗悠然之态似陶渊明"采菊东篱下,悠然见南山"而更显空灵,虽是孤独,但却并不孤寂,一派自然而然的景象。

众鸟高飞尽,孤云独去闲。相看两不厌,只有敬亭山。

——《李白集校注》卷二十三

望庐山瀑布（其二）

李 白

〔解题〕本诗原有二首，此为第二首。庐山，在今江西九江南。此诗以飞越之势写出庐山瀑布之雄阔气势。李白诗风本极豪放，但此诗并非刻意夸大，所以豪放得极为自然。香炉指香炉峰，因其形状类似香炉而得名。世人皆知此香炉为假香炉，而诗人却说日照之下，水汽蒸腾，香炉竟"生"出紫烟，此"生"字顿时将画面写活。二句正面描写瀑布，直说实写，言语朴素而直白。三句状瀑布之急、之高，而四句则补充其高大：这恐怕是银河泻水下来的吧？否则怎会如此壮阔！此句正如李白另一名句"黄河之水天上来"一般，人虽知是为想象之词，但因诗情真率，丝毫不觉突兀，反倒生出落笔如有神助的艺术感慨。

日照香炉生紫烟[1]，遥看瀑布挂前川[2]。飞流直下三千尺，疑是银河落九天。

——《李白集校注》卷二十一

[1] 香炉：庐山北部山峰。因山气笼罩氤氲如香烟而得名。紫烟：谓日光透过云雾，远望如紫色的烟云。

[2] 川：河流，此谓瀑布。

后 游

杜 甫

[解题] 杜甫(712—770),字子美,巩县人(今河南巩义)。曾任检校工部员外郎,世称杜工部。杜甫身怀儒家积极用世的远大政治抱负,诗歌反映时代环境和人民疾苦,思想深厚,境界开阔,诗风沉郁顿挫。上元二年(761),杜甫于同年春到新津(今属四川),游修觉寺,写有《游修觉寺》,此诗为再游而作,故名《后游》。三四句甚妙,江山等待我,花柳也无私地吐露芬芳。以人观物,则一切事物皆有人的感情。诗人曾来此地,故地重游深感亲切,是人对此地的熟悉和爱恋。正由于诗人对此地有爱怜之感,所以,见此地之江、之山、之花、之柳,似乎一切皆对自己同样有爱恋之感。人与自然,自然与人,各自独立而又能互相欣赏,形象地呈现出天人合一的至高境界。

寺忆曾游处,桥怜再渡时。江山如有待,花柳更无私。野润烟光薄[1],沙暄日色迟[2]。客愁全为减,舍此复何之[3]。

——《杜诗详注》卷九

[1] 烟光:云霭雾气。
[2] 暄:温暖。
[3] 此:谓修觉寺。

望　岳

杜　甫

〔解题〕开元二十五年(737)前后,杜甫往兖州(今属山东)探望时任兖州司马的父亲杜闲,此诗约作于此时。此诗为杜甫现存诗歌中较早的一首,可见开阔胸襟与远大抱负。岳,此指东岳泰山,在今山东泰安境内。杜甫作此诗时属于青年,诗句充满着豪情。第二句"齐鲁青未了",既写出泰山地理位置,又写出山峦连绵不绝之意。第三至第六句极写泰山之钟灵毓秀、高远超绝,艺术手法上与王维《终南山》有异曲同工之妙。第七、八句写出勇于攀登,俯视一切的雄心和气概。此句气魄极为阔大,成为人们身怀抱负而有志前进的常用励志句。

岱宗夫如何[1]?齐鲁青未了[2]。造化钟神秀,阴阳割昏晓[3]。荡胸生层云[4],决眦入归鸟[5]。会当凌绝顶[6],一览众山小。

——《杜诗详注》卷一

[1] 岱宗:即泰山。古人以泰山为五岳之首,为诸山所宗,故称。

[2] 齐鲁:春秋时二国名,二国以泰山为界,泰山以北为齐,南为鲁。在今山东境内,后用齐鲁代指山东地区。未了:不尽。

[3] 造化:即大自然。钟:集中、聚集。阴阳:山南为阳,山北为阴。割昏晓:分割黄昏与白昼,意写泰山之雄壮,一山可隔开黄昏与白昼。割,意即

分割。

　　[4] 荡胸:心胸荡漾。

　　[5] 决眦(zì自):犹言睁裂眼眶,是睁大眼睛的夸张说法。决,裂开。眦,眼眶。入归鸟:鸟归向山,目随鸟尽。入,收入,看到。

　　[6] 会当:唐人口语,犹言"终当""定要"。

春夜喜雨

杜 甫

〔解题〕此诗作于上元二年（761），诗人居于成都。其时杜甫生活相对安定，见春雨喜而作此诗杜甫所写之春雨之所以是"好雨"，就"好"在仿佛知道时节，知道春天这个时节大地非常需要滋润。三四句字字珠玑，写尽其好。春雨追随春风的足迹，夜里悄然而至，隐然含蕴着为善不留名的人格寓意。春雨随风而来，滋润万物，而又毫无声息，后人常用此句喻指助人不求回报，温柔和煦。五六两句写夜雨中的郊野景象，悄然而至的春雨渐渐织成一片，郊野的路径完全消失在黑沉沉的雨雾和夜色之中，唯见江上渔舟中的星星灯火。前六句写雨来，七八句写雨后。花儿饱蘸雨水，整个城市也经受了好雨的滋润，"花重"二字与"锦官城"的别称相互生发，意趣格外丰满。而回看诗题"喜"字，方知全诗处处皆有喜意。

好雨知时节，当春乃发生[1]。随风潜入夜[2]，润物细无声。野径云俱黑，江船火独明[3]。晓看红湿处，花重锦官城[4]。

——《杜诗详注》卷十

[1]"好雨"二句：谓春雨似通人性，当春天乃来滋生万物。

［2］潜：隐形而至。此写夜雨无声，于人不知不觉之中到来。

［3］野径：野外小路。

［4］花重：谓花因春雨濡湿而显得沉重的样子。锦官城：成都别名。成都旧有大城、少城，在古代少城为掌管织锦官员之官署，称锦官城，后为成都别名。

滁州西涧

韦应物

〔**解题**〕 韦应物(733？—793？)，京兆万年(今陕西西安)人。德宗建中三年(782)出任滁州刺史，罢任后闲居滁州西涧，本诗即作于此时。西涧在滁州之西，俗名上马河。明代桂天翔称此诗："沉密中寓意闲雅，如独坐青山，澹然忘归，诗之绝佳者。"(《批点唐诗正声》)诗人以闲适而雅致的笔墨，勾画出一幅清幽随性的画卷。诗人写"幽草""黄鹂""春潮带雨""野渡无人"，既有深深的孤芳自赏、安然独守的色彩，又有对自然的喜爱，也有清高而不杂非类、任意自处的闲淡之情。

独怜幽草涧边生[1]，上有黄鹂深树鸣。春潮带雨晚来急，野渡无人舟自横。

——《韦应物集校注》卷八

[1] 怜：爱。

早春呈水部张十八员外(其一)

韩 愈

〔解题〕韩愈(768—824),字退之,河南河阳(今河南孟州)人。德宗贞元八年(792)进士及第。历任监察御史、河南令、袁州刺史、国子祭酒、兵部侍郎、京兆尹、吏部侍郎等职。诗题有二首,此为其一。张十八为张籍,著名诗人,时为水部员外郎。本诗紧扣诗题"早春",以春雨入笔,写草色隐约,道出早春美景。早春雨水细润光滑,一个"酥"字将雨写活。早春初绿,远看清晰近看则似有似无,将草写活。此二句若无对生活深刻观察体会不能作得出,平淡中颇富哲理趣味。三四句则直抒胸臆,认为早春是春天的最好时节,可比满是烟柳的暮春要更有情趣啊。

天街小雨润如酥[1],草色遥看近却无[2]。最是一年春好处,绝胜烟柳满皇都。

——《韩昌黎诗系年集释》卷十二

[1] 天街:长安朱雀门大街,亦称天门街,在宫城承天门之南。
[2] "草色"句:谓春草初萌,遥看已有绿意,近看反而不显。

暮江吟

白居易

〔解题〕白居易(772—846),字乐天,晚号香山居士、醉吟先生,渭南下邽(今陕西渭南)人。德宗贞元十六年(800)举进士第。倡导新乐府运动,主张"文章合为时而著,歌诗合为事而作"。其诗通俗浅显,而意蕴深远。本诗约作于穆宗长庆初年(821)。全诗紧扣诗题《暮江吟》,即吟诗于日暮江边。诗人写暮江,不写人,却写出临此美景的喜悦与清寒。由此亦知,诗人之与自然,在状写美好自然的背后,必有能欣赏美好的眼睛和心灵。

一道残阳铺水中,半江瑟瑟半江红[1]。可怜九月初三夜[2],露似真珠月似弓[3]。

——《白居易集》卷十九

[1] 瑟瑟:碧青色。瑟,原为一种碧色的宝石,此处借以状写落日阴影下半面江水颜色。

[2] 可怜:可爱。

[3] 真珠:即珍珠。月似弓:农历九月初三,上弦月,其弯如弓。

钱塘湖春行

白居易

〔解题〕 钱塘湖即今浙江杭州西湖。此诗为穆宗长庆三、四年(823—824)诗人任杭州刺史时所作。本诗起笔交代起点,终笔交代终点,描写在寺北亭西行至白沙堤的沿途景色。诗人在视觉、听觉、感觉综合作用下,深入钱塘湖边,感受到暖春之意,表达了畅快之情,整首诗充满着一气贯通而生命律动的特殊美感。

孤山寺北贾亭西[1],水面初平云脚低[2]。几处早莺争暖树,谁家新燕啄春泥?乱花渐欲迷人眼,浅草才能没马蹄。最爱湖东行不足,绿杨阴里白沙堤[3]。

——《白居易集》卷二十

[1] 孤山寺:孤山在西湖后湖与外湖之间,孤峰独耸,故名。山上有寺,名孤山寺,南朝陈时所建。贾亭:在西湖,为唐时贞元中杭州刺史贾全所建,于唐武宗、宣宗之际遭废。

[2] 云脚低:谓雨云低垂。

[3] 白沙堤:即白堤,六朝时所筑,一名断桥堤,分隔外湖与内湖。

江 雪

柳宗元

〔解题〕柳宗元(773—819),河东(今山西永济)人,幼长于京师。德宗真元九年(793)举进士第。历任礼部员外郎、永州司马、柳州刺史等职。宗元诗文兼擅,与韩愈一起倡导古文,与韩愈并称"韩柳"。苏轼称其"发纤秾于简古,寄至味于平淡"(《书黄子思诗集后》)。此诗作于永州时,诗风奇绝。写老翁雪天江上垂钓,却先写山中不见鸟,路上不见人,以"千山""万径"极写因大雪而显得寥廓无极的江面,句格天成,骨力豪上,读来刚劲有力。以此铺陈,只见江心之上,扁舟一点,一个身穿蓑衣的老翁,静静地独自垂钓在凄寒江雪之中。此诗所写,为一幅绝妙的画卷,色调白色苍茫,远处一点,老翁垂钓。如此江寒,鸟兽不见踪迹,人烟不见生起,岂有鱼儿上钩?!但老翁不言不动,只静默垂钓于此,如同自放。这是诗人自我的写照,寄寓了清高孤傲的品格。万世皆白,独坐一点,空境之中蕴含孤洁之情。

千山鸟飞绝,万径人踪灭。孤舟蓑笠翁,独钓寒江雪。

——《柳宗元集》卷四十三

始得西山宴游记

柳宗元

〔解题〕 本诗作于元和四年(809)。柳宗元为永州司马之时,作"永州八记",本篇为"八记"第一篇。西山,永州的西山,在湖南零陵县西面潇水边,现称粮子岭。文题着"始得"二字,即第一次发现,行文脉络分两段,先写始得西山之背景,再写西山宴游之所见所感。柳宗元初会永州,虽是贬谪至此,但却能发现并抒写永州之美,这从作者以为"是州之山水有异态者,皆有我也"便可以看出。西山之特殊,作者以"怪特"二字作统摄。然而,只有具备"穷山之高而止"之山水情怀如作者,才能尽情领略西山独特的美。登顶远望,面对"外与天际,四望如一"的广阔高远,感觉到那是"悠悠乎与颢气俱,莫得其涯"的无限空间。于是生出与天地合一的思想意识。

自余为僇人[1],居是州,恒惴栗[2]。其隟也[3],则施施而行[4],漫漫而游[5]。日与其徒上高山[6],入深林,穷回溪[7],幽泉怪石[8],无远不到。到则披草而坐[9],倾壶而醉[10]。醉则更相枕以卧[11],卧而梦。意有所极,梦亦同趣[12]。觉而起,起而归。以为凡是州之山水有异态者[13],皆我有也,而未始知西山之怪特[14]。

今年九月二十八日,因坐法华西亭[15],望西山,始指异之[16]。遂命仆人过湘江，缘染溪[17]，斫榛莽[18]，焚茅茷[19]，穷山之高而止。攀援而登，箕踞而遨[20]，则凡数州之土壤，皆在衽席之下[21]。其高下之势，岈然洼然[22]，若垤若穴[23]，尺寸千里[24]，攒蹙累积[25]，莫得遁隐[26]。萦青缭白[27]，外与天际[28]，四望如一。然后知是山之特立，不与培塿为类[29]，悠悠乎与颢气俱，而莫得其涯[30]；洋洋乎与造物者游，而不知其所穷[31]。引觞满酌[32]，颓然就醉[33]，不知日之入。苍然暮色，自远而至，至无所见，而犹不欲归。心凝形释，与万化冥合[34]。然后知吾向之未始游[35]，游于是乎始，故为之文以志[36]。是岁，元和四年也[37]。

——《柳宗元集》卷二十九

[1] 僇(lù录)人：受刑戮的人。此谓被贬谪的人。僇，同"戮"，刑辱。
[2] 惴(zhuì坠)栗：害怕得发抖，忧惧不安貌。
[3] 隟(xì隙)，古同"隙"，空隙，空闲的时候。
[4] 施施：舒缓地。
[5] 漫漫：随意地，无目的地。
[6] 日：每日。徒：谓同伴、学生和佣人之属。
[7] 穷：尽。回溪：回环曲折的溪流。
[8] 幽泉：幽深的泉水。
[9] 披草：拨开草。披，打开，散开。
[10] 倾壶：倒完壶里的酒。
[11] 更：更换交替。相枕：相互枕靠在对方的身上。
[12] 意有所极，梦亦同趣：心里想到哪里，梦中也就到了哪里。意，意想。极，至。趣(qū区)，同"趋"，往。
[13] 异态：奇异的形态。
[14] 未始：不曾。怪特：奇怪独特。
[15] 法华：亭名，在零陵县城内的东山上。西亭：作者于元和四年在法

华寺西边建造的亭子,称为西亭。

[16] 指异之:指点着西山觉得特别。

[17] 缘:沿着。染溪:潇水的支流,在零陵县西南。一名冉溪,元和五年柳宗元更名愚溪。

[18] 斫:砍。榛莽:杂乱丛生的树木和野草。

[19] 茅茷(fá 伐):茂盛的茅草。茅,草名,多年生草本植物,春季先开花,后生叶,花穗上密生白毛。根茎可食,亦可入药。茷,草叶茂盛。

[20] 箕踞:像簸箕伸着两腿坐在地上。古人席地而坐,坐时屁股压在脚后跟上,因此伸着两腿坐是一种放任自适的举动。遨:游赏。

[21] 衽(rèn 韧)席:席子。

[22] 岈(yá 牙)然:嵯峨、高峻貌。洼然:深陷貌。

[23] 垤(dié 叠):蚂蚁封窝的小土堆。

[24] 尺寸千里:登高远望时,尺寸之间,指顾千里。

[25] 攒蹙累积:状写景物聚集收拢在眼前的视线内。

[26] 遁隐:隐藏。

[27] 萦:萦绕。青:谓山。缭:缭绕。白:谓水。

[28] 际:用如动词,合,接。

[29] 培塿(lǒu 搂):小土丘。

[30] 悠悠:渺远广大貌。颢(hào 浩)气:天边明洁清新之气。涯:边际。

[31] 洋洋:完美满意貌。造物者:即天地、自然。穷:尽期,尽头。

[32] 引觞(shāng 伤):拿起酒杯。觞,酒杯。

[33] 颓然:乏力欲倒状。

[34] 心凝形释,与万化冥合:精神专一忘掉了一切的思虑,形体无拘忘掉了本身的存在,仿佛自己与万物融合为一体了。凝,凝聚,专一。释,解除束缚。万化,自然万物。冥合,暗合,融合为一。

[35] 向:以前。

[36] 志:记。

[37] 元和四年:809 年。元和,唐宪宗李纯的年号。

至小丘西小石潭记

柳宗元

〔解题〕本篇为"永州八记"的第四篇。文章不过百许字,开始则以移步换形之法,由小丘而篁竹,由篁竹而小潭,写所见所闻所感。文风清雅,写潭中石、写水中鱼,皆灵变而清妙。虽是如此景色,而"寂寥无人",想是由于"凄神寒骨"吧。作者亦觉得此"境过清,不可久居"。流露出的作者情感,留恋于清幽之境,说明志趣不俗。然而不俗之境,往往有难以承受之处。此处之"清",既指环境清幽,又有清寒难耐之意。既有"其境过清"的一面,回头看去,那潭中石及水中鱼,还有西南望去"明灭可见"而"不可知其源"的潭水,就都有了清寒的色彩。

从小丘西行百二十步,隔篁竹[1],闻水声,如鸣珮环,心乐之。伐竹取道,下见小潭[2],水尤清冽。全石以为底[3],近岸,卷石底以出[4],为坻为屿[5],为嵁为岩[6]。青树翠蔓,蒙络摇缀,参差披拂。

潭中鱼可百许头,皆若空游无所依。日光下澈,影布石上,佁然不动[7];俶尔远逝[8],往来翕忽[9],似与游者相乐。

潭西南而望,斗折蛇行[10],明灭可见[11]。其岸势犬牙差互[12],不可知其源。

坐潭上,四面竹树环合,寂寥无人,凄神寒骨,悄怆幽邃。

以其境过清,不可久居,乃记之而去。

 同游者,吴武陵,龚古[13],余弟宗玄[14]。隶而从者[15],崔氏二小生:曰恕己,曰奉壹[16]。

——《柳宗元集》卷二十九

[1] 篁(huáng 皇)竹:竹丛,竹林。
[2] 下见(xiàn 现):下面出现。见,"现"的本字。
[3] 全石:整块石。
[4] "近岸"二句:谓靠近岸边,石底才从水中卷出。
[5] 坻(chí 迟):水中陆地。屿:岛屿。
[6] 嵁(kān 堪):不平的岩石。岩:山壁。
[7] 佁(yǐ 倚)然:静止貌。
[8] 俶(chù 触)尔:鱼动貌。
[9] 翕忽:迅疾貌。
[10] 斗折蛇行:状写溪水曲折蜿蜒。斗折,曲折如北斗星。
[11] 明灭可见:谓水光在竹树遮蔽下时隐时现。
[12] 犬牙差(cī 疵)互:状写溪岸交错曲折。差互,交错。
[13] 吴武陵、龚古:皆作者永州时友人。吴武陵,信州(今江西上饶)人,元和二年进士,三年因事流放于永州。龚古,事迹不详。
[14] 宗玄:柳宗元堂弟。
[15] 隶而从者:跟从、随附而同游的人。
[16] 恕己、奉壹:崔简之子。崔简字子敬,博陵安平(今河北定州)人,柳宗元姐夫,贞元五年进士,累官至刑部员外郎,元和七年卒。

鲁山山行

梅尧臣

〔解题〕梅尧臣(1002—1060),字圣俞,宣州宣城(今属安徽)人,人称宛陵先生。官至尚书都官员外郎。本诗为宋仁宗康定元年(1040)知襄城(今属河南)时作。鲁山,今河南鲁山东北,与襄城接壤。诗写鲁山景致,深远闲淡。山中穿行,诗人爱好自然的秉性被激发出来,见山势高高低低,刚发现此山有秀峰,不料随着山行的步伐,另一处似乎更为秀美的山峰又呈现在眼前。风景诱人深入,独行容易迷路,究竟是误入他途,还是流连忘返?读者自可领悟。颔联被元代方回评论为"幽而有味"。颈联写山中动物,由静转动。最后一句"人家在何许?云外一声鸡"戛然而止,余味悠悠。鸡为家禽,有鸡自有人家,写鸡鸣比直接写人家更有意味,何况这里的鸡鸣是从云外传来的,这就写出了人家乃在白云外的意味,自然也就暗示着鲁山的幽深与高远。

适与野情惬[1],千山高复低。好峰随处改,幽径独行迷。霜落熊升树,林空鹿饮溪。人家在何许[2]?云外一声鸡。

——《梅尧臣集编年校注》卷十

[1] 野情:谓爱好山野自然的性情。
[2] 何许:何处。

淮中晚泊犊头

苏舜钦

〔**解题**〕苏舜钦(1008—1049),字子美,梓州铜山(今四川中江东南)人,生于开封(今属河南)。宋仁宗景祐元年(1034)进士。官至湖州长史。本诗为宋仁宗庆历五年(1045)春天,苏舜钦罢官南下苏州,途经淮河时所作。犊头,渡口名。此诗写舟行遇雨而泊,画面似乎略有晦暗,意象如"春阴""垂野""幽花"皆色彩黯淡,而"孤舟""古祠"则表露出孤寂。然而本诗高明之处正在于幽暗之处放光明,似萧索而实放达。"幽花"虽暗,自是由于"春阴",仍带来一丝明色。"晚泊"之后,见"满川风雨",但一句"看潮生"则写出天地无穷,我自放达的情怀。人在自然中,只要心中敞亮,自能在幽暗处寻得光明。

春阴垂野草青青[1],时有幽花一树明。晚泊孤舟古祠下,满川风雨看潮生。

——《苏舜钦集》卷七

[1] 垂:覆盖,笼罩。

江上五首(其二)

王安石

〔**解题**〕 王安石(1021—1086),字介甫,晚号半山老人,临川(今江西抚州临川区)人。宋仁宗庆历二年(1042)进士。熙宁三年(1069)推行变法,晚年退居金陵(今江苏南京)。元丰二年(1079)封荆国公,世称王荆公。著名政治家、文学家,"唐宋八大家"之一。本诗名为《江上》,描写江上景色,颇富理趣。一二句写江北雨前景致,秋阴自然不会恰好一半张开,此乃诗人假设语气,妙在写阴云弥散开来,酝酿着秋雨。傍晚云层低垂,虽然尚未落雨,但水气氤氲,已将青山裹住,全然不见路径,正当游人迷惑之际,阴云忽然散开处,但见千帆隐约而来。个中趣味,与陆游《游山西村》"山重水复疑无路,柳暗花明又一村"深相契合。此诗重在抒写于无出路处发现别样天地的感悟,但写来情真景真,随自然景物变化而生成意趣,自然高妙。

江北秋阴一半开,晚云含雨却低回[1]。青山缭绕疑无路,忽见千帆隐映来[2]。

——《王文公文集》卷七十一

[1] 低回:徘徊。
[2] 隐映:时隐时现。

书湖阴先生壁(其一)

王安石

〔解题〕湖阴先生为隐士杨德逢,时与王安石比邻。原题二首,此为其一。本诗题于杨德逢壁上,描写了湖阴先生其庭院内外环境。一二句写庭院长扫,花木成畦,可以想见主人勤勉而清雅之风范。三四句为名句,皆以拟人手法写就山水之动态。水有情而护田,山排闼而送青。山水相映,对仗工整,写山水为衬写湖阴先生庭院,内清洁因主人清雅,外清远因自然有情。此时人之居所与自然之存在融为一炉,互相生发,生趣中饶有谐趣。

茅檐长扫静无苔[1],花木成畦手自栽[2]。一水护田将绿绕[3],两山排闼送青来[4]。

——《王文公文集》卷六十八

[1] 茅檐:茅屋檐下,此谓庭院。
[2] 成畦:成垄成行。畦,田园中经过修理分成的小区。
[3] 护田:此谓护卫环绕着田园。
[4] 排闼(tà 踏):推门。闼,门,小门。

惠崇春江晚景(其一)

苏　轼

[解题] 本诗为诗人于宋神宗元丰八年(1085)题惠崇画诗。惠崇,宋初画僧,工于小景画,善于刻画寒汀远渚、潇洒虚旷的意象。首句以极简语句透露出早春气息。竹绿桃红,朝气初萌,色彩对比之下,春色格外鲜明。次句实写春日冰开水化,所以有鸭子在水中嬉戏。但诗人却说是鸭子最先知道了江水进入春暖时节。说是鸭知,实则诗句背后的诗人先有感知。此句后来常被用来形容有人能够最先感知到社会风气的变化。后两句应是想象之言,见画作中蒌蒿已长遍地面,芦芽也已冒头,春日的河豚也该到了时节了吧。本诗题为《惠崇春江晚景》,诗人紧扣"时节",虽是面对一幅画作,却如身在其境,写来更令读者如临春风,着实是一首天人合一的佳作。

竹外桃花三两枝,春江水暖鸭先知。蒌蒿满地芦芽短[1],正是河豚欲上时[2]。

——《苏轼诗集》卷二十六

[1] 蒌蒿:水草名,初生可食。芦芽:芦苇嫩芽,可食。
[2] 河豚:鱼名,味极鲜美,肝脏、生殖腺及血液有剧毒,经处理后可食用。欲上时:当令之时。

争先见面重重。看爽气[9]、朝来三数峰。似谢家子弟[10],衣冠磊落[11];相如庭户[12],车骑雍容[13]。我觉其间,雄深雅健[14],如对文章太史公[15]。新堤路,问偃湖何日,烟水濛濛[16]?

——《稼轩词编年笺注》

[1] 叠嶂:层叠的山峦。西驰:向西奔驰。西,向西。

[2] 万马:喻指奔腾起伏的群山如万马奔腾。东:用作动词,向东奔驰。

[3] 惊湍:此谓山间瀑布。

[4] 跳珠:跌落下来的瀑水溅起来如跳动的玉珠。

[5] 缺月初弓:小桥拱起形状如弯月、弯弓。

[6] 合:应当。投闲:置身于闲散之中。

[7] 检校(jiào 较):检阅,巡查。

[8] 龙蛇:喻指枝干屈曲如龙蛇般的松树。

[9] 爽气:明朗的自然气象。

[10] 谢家:东晋世家谢安家族。

[11] 衣冠磊落:谢家子弟服饰仪容俊伟非凡,喻指山峰俊秀挺拔。

[12] 相如:西汉辞赋家司马相如。

[13] 雍容:容仪优雅,排场盛大。

[14] 雄深雅健:雄浑、深刻、高雅、刚健,喻指群山雄奇秀逸,各具风采。

[15] 太史公:司马迁,字子长,自称太史公,曾撰《太史公书》,即《史记》。

[16] 濛濛:烟雨迷濛状。

沉醉东风·秋景

卢 挚

〔解题〕卢挚(1242—1314),字处道,号疏斋,元代涿郡(今河北省涿州市)人。此曲为元成宗大德初年,卢挚赴湖南宪使任的途中所作。题为《秋景》,写出了潇湘秋日黄昏到入夜的景色。一二句化名句而为,两个意象如特写镜头。三四五句总写山水无尽,连绵不绝,人处其中,感知满天秋意。七八句写时已入夜,云帆月影相衬,作者仿佛也自感与山水融成一幅画作了。虽不言情,已可见作者闲适而乐在其中的意趣。

挂绝壁松枯倒倚[1],落残霞孤鹜齐飞[2]。四围不尽山,一望无穷水,散西风满天秋意。夜静云帆月影低[3],载我在潇湘画里[4]。

——《全元散曲》

[1] 挂绝壁松枯倒倚:出自李白《蜀道难》句"连峰去天不盈尺,枯松倒挂倚绝壁"。绝壁,陡峭的山壁。

[2] 落残霞孤鹜齐飞:出自王勃《滕王阁序》句"落霞与孤鹜齐飞,秋水共长天一色"。残霞,将散的晚霞。鹜,野鸭。

[3] 云帆:如同穿云的帆,谓高大的帆。

[4] 潇湘画里:谓潇湘景色如画。潇、湘,湖南境内的两条大河名。湘水流至零陵县和潇水合流,世称潇湘。

水仙子·咏江南

张养浩

〔**解题**〕 张养浩(1270—1329),字希孟,号云庄,济南(今山东济南)人,历任礼部侍郎、礼部尚书、中书省参知政事等职,有政声,关心百姓疾苦。所选小令歌咏江南人事,烟水晴岚、芰荷秋光勾勒出江南水乡特色,画檐珠帘、画船酒旗则描绘出江南精致的生活气息,可谓水汽缭绕下的精致江南图画。

一江烟水照晴岚[1],两岸人家接画檐[2]。芰荷丛一段秋光淡[3],看沙鸥舞再三[4],卷香风十里珠帘[5]。画船儿天边至[6],酒旗儿风外飐[7],爱杀江南[8]。

——《全元散曲》

[1] 晴岚:晴天天空中的雾气。岚,山间的雾气。
[2] 画檐:绘有纹饰的屋檐。
[3] 芰(jì)荷:荷花。秋光淡:因为成丛的荷叶挺拔茂密,以至秋光也显得淡了。
[4] 再三:多次。
[5] 珠帘:贯串或缀饰珍珠的帘子。
[6] 画船:装饰华美的游船。
[7] 酒旗:古代酒店的招牌。为招徕客人,用布缀于竿顶,悬于店门外。飐(zhǎn展):风吹颤动。
[8] 杀:用在动词后表示程度深。

听 蕉 记

沈 周

[解题] 沈周(1427—1509),字启南,号石田,长洲(今江苏苏州)人。明代著名画家,"明四家"之一。本文名为《听蕉记》,却并非记听蕉之事,而是由听蕉引发哲思。雨打芭蕉是古人诗文中惯常描写的意象,而沈文的重点则在探讨听蕉的机理。人们之所以能听到蕉声,在于声音与耳朵的配合,而蕉声则在于雨水与蕉叶的配合。先有雨水打到蕉叶上发出声响,声响传到人耳才实现了"听蕉"。看似寻常探讨,却蕴含着事物之间相生相依的哲理。此外,本文除富有哲思之余,艺术描写也很出色,写蕉声之多样,以叠音词、拟声词作比,颇为形象。

夫蕉者,叶大而虚,承雨有声,雨之疾徐疏密,响应不忒[1],然蕉曷尝有声,声假雨也[2]。雨不集,则蕉亦默默静植;蕉不虚,雨亦不能使为之声。蕉、雨固相能也。蕉,静也;雨,动也。动静戛摩而成声[3],声与耳又相能相入也,迨若匼匼涆涆[4],剥剥滂滂,索索淅淅,床床浪浪[5],如僧讽堂[6],如渔鸣榔[7],如珠倾,如马骧[8],得而象之,又属听者之妙也。长洲胡日之种蕉于庭以伺雨[9],号听蕉,于是乎有所得于动静之机者欤[10]?

——《沈周集·石田先生文钞》

［1］忒(tè 特)：差错。

［2］假：利用，凭借。

［3］戛(jiá 颊)摩：击撞摩擦。

［4］迨(dài 带)：差不多。

［5］"匝匝溍(zhá 闸)溍"四句：均为象声词，状写雨打芭蕉的不同声音。

［6］讽堂：在佛堂诵经。

［7］鸣榔：渔人敲击船舷做声，用以惊鱼，使入网中。

［8］马骧(xiāng 香)：马奔跑。

［9］长洲：今属苏州。伺雨：候雨。

［10］机：事物变化之所由。

记雪月之观

沈 周

[解题] 这是一篇记述月夜观雪的文章,雪之清寒、皎洁皆在作者笔下徐徐展现。作者月夜登楼观雪,觉光照太清,以至于"骨肉相莹",可以想见整个银色世界的剔透。而作者于小楼之上看"月映清波",觉"清入肺腑",以至于神思飞驰,达到了"神与物融"的境界。神与物融,便是作者的精神完全为眼前所见、自身感受所吸引,心物融为一体,只觉其妙,却难以尽表。回到文题《记雪月之观》,重点在一个"观"字。一切自然风物的美好,莫不首先由目视耳闻而得感知,心有触动,自觉到人与自然融合为一是最为理想的状态。当此状态,可以澄澈心境,净化灵魂。

丁未之岁[1],冬暖无雪,戊申正月之三日始作[2],五日始霁[3],风寒冱而不消[4],至十日犹故在也。是夜月出,月与雪争烂,坐纸窗下,觉明彻异常,遂添衣起,登溪西小楼。楼临水,下皆虚澄[5],又四围于雪,若涂银,若泼冰,腾光炤人[6],骨肉相莹。月映清波间,树影混漾[7],又若镜中见疏发,离离然可爱[8],寒浃肌肤[9],清入肺腑。因凭栏楯上[10],仰而茫然,俯而恍然[11],呀而莫禁[12],眎而莫收[13],神与物融,人观两奇。盖天将致我于太素之乡[14],殆不可以笔画追状[15],文字敷说[16],以传信于不能从者,顾所得不亦多矣!尚思若时天下名山川,宜大乎此也[17],其雪与月当有神矣!我思挟之以飞遨八表而返[18],其怀汗漫,虽未易平[19],然老气衰飒[20],有不胜其冷者,乃浩歌下楼,夜已过二鼓矣。仍归窗间,兀坐若失[21]。念平生此景亦不屡遇,而健忘,日寻改[22],数日则又荒荒不知其所云,因笔之。

——《沈周集·石田先生文钞》

[1] 丁未:明宪宗成化二十三年(1487)。
[2] 戊申:明孝宗弘治元年(1488)。
[3] 霁(jì记):雨雪停而天晴。
[4] 冱(hù互):冻结。
[5] 虚澄:空虚澄澈。
[6] 炤(zhào照):同"照"。
[7] 滉(huàng晃去声)漾:水浮动荡漾貌。
[8] 离离然:历历分明状。
[9] 浃(jiā加):透。
[10] 栏楯(shǔn吮):栏杆。纵为栏,横为楯。
[11] 恍然:茫然不清。
[12] 呀:张大了口。
[13] 眄:斜着眼看。
[14] 太素之乡:谓雪大掩盖大地,一片极其素净气象。
[15] 追状:谓用笔墨迅速描绘下来。
[16] 敷说:铺陈演说。敷,铺陈。
[17] 若时:此时,现在。
[18] 挟:用胳膊夹着。八表:八方以外,谓极远之地。
[19] 汗漫:广大无边。
[20] 衰飒:衰落。
[21] 兀坐:独自端坐。
[22] 日寻:日逐一日。

海行杂感(其七)

黄遵宪

〔解题〕黄遵宪(1848—1905),字公度,别署人境庐主人、水苍雁红馆主人、东海公、东海黄公、法时尚任斋主人等,嘉应州(今广东梅县)人。曾任驻多国外交官,后官至湖南按察使,参与戊戌变法。对于诗,主张"我手写我口",其诗多写重大题材,并大量表现外国新事物,为"诗界革命"的代表人物。本诗作于光绪八年(1882),诗人由日本公使馆参赞调任驻美国三藩市总领事,大海之上,夜观苍穹,以现代宇宙观书写此篇。平心而论,此诗意境较浅,遣词亦并不精奇,可贵就在于黄氏受西学影响较多,在传统诗歌中加入了新的宇宙学知识。传统中国人一直认为天圆地方,盘古于混沌中开天辟地,中国乃世界之中心等蒙昧观点,而诗人乘船航行于大海之上,所处之境远非前人所想,望着满天星斗,想象着宇宙之浩淼,念及地球不过其中之一点罢了。

星星世界遍诸天,不计三千与大千。倘亦乘槎中有客,回头望我地球圆。

——《人境庐诗草笺注》卷四

赏游登临

观 沧 海

曹 操

〔解题〕 曹操(155—220),字孟德,沛国谯(今安徽亳州)人。三国时期杰出的政治家、军事家、文学家。曾举孝廉,任汉丞相,后封魏王,死后追谥武王。《步出夏门行》是曹操以乐府旧题创作的组诗,作于建安十二年(207),时曹操北征乌桓凯旋。这组诗,共四解,《观沧海》为第一解。本篇描绘了在碣石坪观海,见海水滔滔,山岛高矗,岛上草木茂盛。又见秋风吹起洪波,大海吞吐日月,一派壮阔景象!诗人甫征乌桓得胜,气魄正雄,在此抒发大丈夫气吞山河平定天下的抱负。

东临碣石[1],以观沧海。水何澹澹[2],山岛竦峙[3]。树木丛生,百草丰茂。秋风萧瑟,洪波涌起。日月之行,若出其中。星汉灿烂,若出其里。幸甚至哉,歌以咏志[4]。

——《乐府诗集》卷三十七

[1] 碣(jié 杰)石:有两说,一说指今河北昌黎的碣石山,一说指今河北乐亭西南的大碣石山,时属右北平郡骊成县。

[2] 澹澹(dàn 淡):水波摇荡貌。

[3] 竦峙:矗立。竦,同"耸"。

[4] "幸甚"二句:乐曲结尾合乐的歌辞,与正文内容没有直接关系。

临 高 台

王 融

〔解题〕王融(467—493),字元长,东晋宰相王导的六世孙,琅琊临沂(今山东临沂)人。幼孤,受母教,博涉有文,官至宁朔将军,为"竟陵八友"之一。《临高台》为汉代短篇铙歌(亦名鼓吹曲)二十二曲之一,本诗属于古曲新作。题意即登临高台眺望所见。前两句为总起,介绍登台"骋望",下面六句为骋望所得。井莲夏日吐芳,窗桂秋天飘香。此两句写花的开放,不仅是视觉所见,香气还能刺激嗅觉。下两句写花落鸟飞,给画面带来动态。看完高处低处与近处,此时,诗人极目远望,见高接云端的楼栋伴着明月同游徘徊。诗人以愉悦的心情置身在高台之上,以轻松的笔触描写了所见所感,情景交融,传递出人在自然之中的欣喜愉悦之情。

游人欲骋望[1],积步上高台[2]。井莲当夏吐,窗桂逐秋开[3]。花飞低不入,鸟散远时来。还看云栋影[4],含月共徘徊。

——《乐府诗集》卷十八

[1] 骋望:平望。此言高台入云,望月毋须仰视。
[2] 积步:累积步子。
[3] 窗桂:窗间月桂。
[4] 云栋:云中栋梁,言其高。

小 园 赋(节选)

庾 信

[**解题**] 庾信(513—581),字子山,南阳新野(今河南新野)人。早年与乃父庾肩吾皆梁朝著名宫体诗人,与徐陵创作的文学风格被称为"徐庾体"。后奉使西魏,遭羁留北方,官至车骑大将军、开府仪同三司等职。本文节选自《小园赋》,开首两句颇有情趣,以极简练的语言写出游鱼与翠竹之错落有致,大小不一,亦有鱼儿闲游,翠竹随长的自然意趣,寓意新奇。又加下文六句对小园果木花卉生长状态的描述,自然流露出作者意欲栖息山林,归隐而居的情感。文章用语既有简洁疏朗的一面,又有用典深沉的一面,皆表达作者逃离束缚,向往自由归隐之情思。

一寸二寸之鱼,三竿两竿之竹。云气荫于丛著,金精养于秋菊[1]。枣酸梨酢,桃榹李㮈[2]。落叶半床,狂花满屋[3]。名为野人之家[4],是谓愚公之谷[5]。试偃息于茂林[6],乃久羡于抽簪[7]。虽有门而长闭[8],实无水而恒沉[9]。三春负锄相识,五月披裘见寻[10]。问葛洪之药性[11],访京房之卜林[12]。草无忘忧之意[13],花无长乐之心[14]。鸟何事而逐酒[15],鱼何情而听琴[16]?加以寒暑异令,乖违德性。

——《庾子山集注》卷一

[1] 蓍(shī 师):古代卜筮用的草。金精:甘菊的别名。

[2] 梨酢:酸梨。酢(cù 醋),"醋"的本字。桃樲(sī 丝):山桃。李薁(yù 玉):山李,亦称郁李。

[3] 狂花:随风飞舞之花。

[4] 野人之家:晋皇甫谧《高士传》卷下中记载,桓帝游幸竟陵经过云梦,濒临沔水,百姓皆去围观,唯独有位老人耕作不辍,不为所动。尚书郎张温感到奇怪,于是亲自询问。老人说,我是野人,听不懂这些话。

[5] 愚公之谷:刘向《说苑·政理》中记载,齐桓公打猎时追鹿到一个山谷中,一老人告诉他山谷叫愚公之谷。问他原因,他说,自己以前养的母牛生了一头大牛,想要卖掉买一头小马驹。卖马的少年说,牛不能生马,牵马驹而走。邻居听说此事,称他愚,所以这个山谷命名为"愚公之谷"。

[6] 偃息:退隐休息。

[7] 抽簪:簪为连结冠与发的针形首饰,抽簪则发散。古人束发为从官,散发为罢官。

[8] "有门"句:谓人际交往极少。

[9] "无水"句:谓隐者不屑与俗人交往。

[10] 五月披裘:《高士传》卷下有一个关于"披裘公"的记载,延陵季子出游见路上有掉落的金子,对披裘公说,把金子拿走吧。披裘公大怒,您外表看来高雅,却为何小看人。我五月披着裘衣出来背柴火,就是为了取金子的吗?

[11] 葛洪:字稚川,号抱朴子。东晋思想家、医药学家。

[12] 京房:字君明,西汉经学家。治《易》,著有《周易集林》等多种,合称"卜林"。

[13] 忘忧:草名,即萱草,亦名"谖草"。古人以为此草可以忘忧。

[14] 长乐:花名。以上二句,言自己羁留北方,看见花草也含忧愁。

[15] 鸟逐酒:《庄子·至乐》中记载,有海鸟停在鲁国郊外,鲁侯将它置于庙堂,置酒、奏乐、备肉。鸟悲伤不敢饮食,三日而死。

[16] 鱼听琴:《韩诗外传》中记载,俞伯牙弹琴,水中有鱼出来聆听。以上二句,言海鸟当栖林却被饮酒食肉,渊鱼当潜渊却被迫听琴,皆失其本性,喻自己仕北为官非其本意。

滕王阁序(节选)

王 勃

〔解题〕本文选自千古名篇《滕王阁序》。滕王阁故址在今江西南昌。唐高祖之子李元婴建此阁,因元婴后被封为滕王,后世遂称此阁为滕王阁。高宗上元二年(675),洪州都督在滕王阁宴请宾客,王勃赴交趾省父途中经过此处,参与宴会,即席而作此文。本文为骈文之翘楚,选文第一部分写滕王阁之壮阔,第二部分为滕王阁秋景图,第三部分生发感慨。文采飞扬,时有佳句,如"落霞与孤鹜齐飞,秋水共长天一色"。前句写阁上远眺,彩霞沉落,孤鹜远飞,上下交织,如同一体,连彩霞也赋予了生命的力量。后句写傍晚夕照,水天一色,浑然一体。此句常被后人转化使用。

时维九月,序属三秋[1]。潦水尽而寒潭清[2],烟光凝而暮山紫。俨骖𬴂于上路[3],访风景于崇阿。临帝子之长洲[4],得仙人之旧馆。层峦耸翠,上出重霄;飞阁流丹,下临无地[5]。鹤汀凫渚,穷岛屿之萦回;桂殿兰宫,即冈峦之体势[6]。披绣闼[7],俯雕甍[8],山原旷其盈视,川泽纡其骇瞩[9]。闾阎扑地[10],钟鸣鼎食之家[11];舸舰迷津[12],青雀黄龙之舳[13]。云销雨霁,彩彻区明[14]。落霞与孤鹜齐飞,秋水共长天一色。渔舟唱晚,响穷彭蠡之滨[15];雁阵惊寒,声断衡阳之浦[16]。

遥襟甫畅[17],逸兴遄飞。爽籁发而清风生[18],纤歌凝而白云遏[19]。睢园绿竹[20],气凌彭泽之樽[21];邺水朱华[22],光照临川之笔[23]。四美具,二难并[24]。穷睇眄于中天[25],极娱游于暇日。天高地迥,觉宇宙之无穷;兴尽悲来,识盈虚之有数。望长安于日下,目吴会于云间[26]。地势极而南溟深[27],天柱高而北辰远[28]。关山难越,谁悲失路之人[29];萍水相逢[30],尽是他乡之客。

——《王子安集注》卷八

[1] 三秋:古人称七、八、九月为孟秋、仲秋、季秋,三秋即季秋九月。

[2] 潦(lǎo 老)水:雨后地面积水。

[3] 俨(yán 严)骖騑:整顿车马。俨,通"严",整齐的样子,此处作动词,整顿。骖騑,古代的车有一辕而驾驶四马,中央两马称为服马,两边的名騑马或骖马。此处泛指驾车的马。

[4] 帝子:此谓滕王李元婴。下句"仙人"同。长洲:滕王阁下的沙洲。

[5] "层峦"四句:分写仰观滕王阁及自滕王阁俯视。

[6] "桂殿"二句:谓滕王阁周边宫殿建筑,随着冈峦山势的起伏而起伏。

[7] 披:推开。绣闼(tà 踏):雕有花饰的阁门。

[8] 雕甍(méng 萌):雕有鸟兽花纹的屋脊。

[9] 骇瞩:触目令人惊骇。

[10] 闾阎:意谓人烟稠密。扑地:谓遍地,满地。

[11] 钟鸣鼎食:古代贵族鸣钟列鼎而食。此谓富贵人家。

[12] 舸(gě 葛)舰迷津:状写船舶之多。舸,大船。舰,船上有屋者。

[13] 青雀黄龙:船的装饰形状。舳(zhú 逐):船尾把舵处。此谓船只。

[14] 彩彻区明:状写彩虹照彻整个区域。

[15] 彭蠡:古泽名。此谓鄱阳湖。

[16] 衡阳:今属湖南。境内衡山有回雁峰,相传秋雁南飞止于此。

[17] 遥襟:谓襟怀。甫:方才。

[18] 爽籁:管子参差不齐的排箫。

[19] 白云遏:状写歌声嘹亮,能遏止行云。

[20] 睢(suī虽)园:即汉梁孝王菟园。

[21] 彭泽:在今江西湖口县东。陶渊明曾官彭泽县令,世称陶彭泽。樽:酒器。陶渊明好饮酒。以上二句意谓滕王阁下绿竹可比睢园竹林,今日滕王阁宴集如梁王昔日文士之聚,胜似陶渊明独饮。

[22] 邺水:在邺下(今河北临漳)。建安时,邺下文人集团(三曹、七子等)常聚会于此。朱华:荷花。

[23] 临川之笔:谓谢灵运诗。灵运曾任临川内史。临川,郡名,治所在今江西抚州。以上二句意谓滕王阁下荷花盛开如邺下,众宾客之文思如同谢灵运。

[24] 四美:谓良辰、美景、赏心、乐事。二难:谓贤主、嘉宾难得。

[25] 穷睇眄(dì miǎn 第免):极目远望。

[26] 吴会(kuài 快):吴郡和会稽郡。即今江苏苏州、浙江绍兴。

[27] 地势极:地势极远。南溟:南海。

[28] 天柱:昆仑山。北辰:北极。

[29] 失路之人:作者自谓。

[30] 萍水相逢:谓人生偶然相聚,聚后随即各自东西。

登幽州台歌

陈子昂

〔解题〕陈子昂(651—702),字伯玉,梓州射洪(今属四川)人。睿宗文明元年(684)登进士第,官至右拾遗。主张复兴"汉魏风骨",反对柔靡之风。幽州台即蓟北楼,是燕昭王为招纳天下贤士而建,故址在今北京西南。万岁通天元年(696)陈子昂随武攸宜北征契丹,为参谋,进谏常不为所用,思念如燕昭王等能礼贤下士之明君,而作此诗以感慨。据背景看来,此诗应是古代"感士不遇"的常见题材,但却因诗句中并未直言不得志及相关意象,只是略说"古人"与"来者",故诗意更见高远,意境也更为开阔雄浑。诗句悲壮之中,亦有人生渺小之意在,但并未完全消极,所以说此诗悲而不凄,更有其雄浑气象。

前不见古人,后不见来者。念天地之悠悠[1],独怆然而涕下。

——《陈子昂诗注》卷三

[1] 悠悠:久远无穷。

登鹳雀楼

王之涣

〔解题〕王之涣(688—742),字季凌,绛州(今山西新绛)人。历任冀州衡水主簿,莫州文安县尉等职,足迹遍黄河南北,善写边塞诗。鹳雀楼,在蒲州(今山西永济,唐时属河东道)。这是一首著名的写景哲理诗,本诗流传度很广,皆因其言极简,意蕴极其深远。一二句写景,夕阳依傍山峦慢慢落下,九曲黄河浩浩奔向大海。前句写实,后句写虚,虚实相应,可以说写尽了鹳雀楼上的眼前景色和意中形象。三四句由景入理。唐人哲理诗皆非空洞说理,而是在写景叙事的写实中让人自然生出带有理性思考的感慨。三四句,字面义上似乎在欣赏完夕阳下山、黄海入海之后,意犹未尽,希望站得更高,看得更远,所以需要更上一层楼。但读完细思,发觉诗句意义绝不止于字面。本诗极富盛唐气象,即积极向上的、青春的、有远大理想而又脚踏实地的时代精神。人常解鹳雀楼有三层,诗人写此诗为第二层,故有"更上一层"之说。非也!如此则将活泼泼盛唐气象阐释得淡乎寡味。解诗不可过迂,尤其此千古名篇,必有其二十言不可框缚处!

白日依山尽[1],黄河入海流。欲穷千里目,更上一层楼。

——《全唐诗》卷二百五十三

[1] 尽:此谓隐没。

秋登宣城谢朓北楼

李 白

〔解题〕天宝十二年(753)秋,李白自梁园(今河南商丘南)南下,至宣城(今属安徽)后,登楼作此诗。谢朓,曾任宣城太守,在宣城陵阳山顶建北楼,又名谢公楼,唐代改名叠嶂楼。谢朓文风清丽,李白很推崇,曾言"蓬莱文章建安骨,中间小谢又清发"。此诗为秋日登临之作,李白虽有秋思怀人之感,却通篇诗风清丽,并无太过凄寒之色。一二句写景中,"如画"、"晴空",色彩明快。三四句"夹""落"写出登楼而望水桥之情状,"明镜""彩虹"亦是亮丽意象。五六句笔锋一转,始有"秋"意。"寒""老"二字,时节之意明显,但寒则寒矣,并不凄凉;老则老矣,并不败朽。以李白诗风之豪迈飘逸,亦有"人烟""秋色"这样的精工律句,其意蕴交互,耐人寻味。

江城如画里,山晚望晴空。两水夹明镜[1],双桥落彩虹[2]。人烟寒橘柚,秋色老梧桐。谁念北楼上,临风怀谢公。

——《李白集校注》卷二十一

[1] 两水:此谓环绕宣州城的宛溪和句溪。
[2] 双桥:即宛溪上的凤凰、济川二桥,隋开皇年间(581—600)所建。

醒 心 亭 记

曾 巩

〔**解题**〕曾巩(1019—1083)字子固,建昌军南丰(今江西省南丰县)。生于书香门第,自幼聪慧。嘉祐二年(1057)进士及第,官至中书舍人,卒后追谥文定。曾巩为"唐宋八大家"之一。醒心亭,位于滁州丰山,为欧阳修知滁州时所建。庆历七年(1047),曾巩到欧阳修处居住二十日,本文即作于此时。

欧阳修在知滁州期间,建造了两个亭子,一个是醒心亭,一个是丰乐亭,且作有《丰乐亭记》,文中表达了"与民同乐"的思想。曾巩此文为应欧阳修所请,为醒心亭作记。先述亭名由来,为欧阳修与宾客常饮宴于丰乐亭,醉劳之后见自然之物无不新奇,则"心洒然而醒",正合于韩愈《北湖》诗中"应留醒心处,准拟醉时来"语。继而写欧阳公之乐,非乐山水,而实在是乐在"皆得其宜"。曾巩所谓"皆得其宜",是指君民上下自得其乐,学者皆有所用,万物皆得自生。此种抒写,可视为欧阳修"与民同乐"抒写主题的延续。当然,其中也不乏旧时狭隘之观点,如将未开化之四境居民视为夷狄,心存轻视。不过,我们不可过分地以今日之观点求疵于古人,曾巩之上下同乐,人与自然同乐之观点,至今仍有借鉴意义,应予以充分肯定。

滁州之西南,泉水之涯,欧阳公作州之二年[1],构亭曰

"丰乐"[2],自为记[3],以见其名之意[4]。既又直丰乐之东几百步[5],得山之高,构亭曰"醒心",使巩记之[6]。

凡公与州之宾客者游焉,则必即丰乐以饮[7]。或醉且劳矣,则必即醒心而望。以见夫群山之相环,云烟之相滋,旷野之无穷,草树众而泉石嘉,使目新乎其所睹,耳新乎其所闻,则其心洒然而醒[8],更欲久而忘归也[9]。故即其所以然而为名,取韩子退之《北湖》之诗云[10]。噫!其可谓善取乐于山泉之间,而名之以见其实,又善者矣[11]。

虽然,公之乐,吾能言之。吾君优游而无为于上,吾民给足而无憾于下,天下学者皆为材且良[12],夷狄鸟兽草木之生者[13],皆得其宜[14],公乐也。一山之隅,一泉之旁,岂公乐哉?乃公所以寄意于此也[15]。若公之贤,韩子殁数百年[16],而始有之。今同游之宾客,尚未知公之难遇也[17]。后百千年,有慕公之为人,而览公之迹[18],思欲见之,有不可及之叹[19],然后知公之难遇也[20]。则凡同游于此者,其可不喜且幸欤[21]?而巩也,又得以文词托名于公文之次[22],其又不喜且幸欤!庆历七年八月十五日记[23]。

——《曾巩集》卷十七

[1] 作州之二年:即做滁州知州的第二年。
[2] 构亭:建亭。
[3] 记:谓《丰乐亭记》。
[4] 意:用意。
[5] 直:通"值",当。
[6] 巩:作者自谓。记之:为之作记。
[7] 即:就。以:而。
[8] 洒然:自由洒脱貌。
[9] 久而忘归:状写因景色赏心悦目而流连忘返的情态。

[10] 取韩子退之《北湖》之诗:韩愈在《北湖》诗中说:"闻说游湖棹,寻常到此回。应留醒心处,准拟醉时来。"因亭名醒心,出自韩愈诗中词语,故云。

[11] 名之:谓用"醒心"名亭。实:谓上文"洒然而醒"的乐趣。善者:谓以名见实,真是善于取名的了。

[12] 为材且良:成为有才之士而且贤良。

[13] 夷狄:古称四境未开化的民族。

[14] 宜:合适。

[15] 寄意于此:谓借山水之乐以寄托心意。

[16] 殁(mò 墨):死。

[17] 难遇:难于相逢。

[18] 览公之迹:谓后人游览当年欧阳修的遗迹。

[19] 不可及:未能赶上。

[20] 知公之难遇:谓到了那时,就会深深感受到像欧阳修这样的贤者,实在难于相逢了。

[21] 其:表反诘语气。

[22] 文词:谓所作的本文。公文:谓欧阳修的《丰乐亭记》。次:后面。

[23] 庆历七年:公元1047年。庆历,宋仁宗赵祯年号。

六月二十七日望湖楼醉书(其一)

苏 轼

〔**解题**〕本诗作于宋神宗熙宁五年(1072)春之杭州。清代纪昀评此诗:"阴阳变化,开阖于俄顷之间。气语雄壮,人不能及也。"诗人以四句写出波折四画面,而画面连续,镜头动感十足,如蒙太奇之电影手法。一句写黑云翻涌如墨泼,但并未将山全部笼罩;二句写雨珠坠落甚速,多而无序乱溅船上;三句写狂风忽来吹散乌云;四句写望湖楼下水波荡漾,阔大连天。诗人以"醉书"为题,醉眼观景,惹人心醉。雨来雨去,人在其中。原题五首,此为其一。

  黑云翻墨未遮山,白雨跳珠乱入船。卷地风来忽吹散,望湖楼下水如天。

——《苏轼诗集》卷七

定 风 波

苏 轼

[**解题**] 这首词作于宋神宗元丰五年(1082)春天,其时东坡已被贬黄州(今湖北黄冈)团练副使两年余。本词写春日野外出游遇雨,于字里行间表达了超脱旷达的胸襟。

小序交代时间、地点、背景以及自我心理内容。正词中,"莫听"两句写骤遇暴雨,雨急且大,而"莫听"与"何妨"二语则表现词人对自然之风雨不以为意,"吟啸且徐行"本是闲适之行为,与"穿林打叶"相对,益发可见词人之旷达。"竹杖"后三句,写从容自适。"轻胜马"写词人不仅不以风雨为意,甚或在此中发现了别样滋味,连同后句,是由眼前风雨写到人生风雨,表述其坦荡无畏之襟怀。上片对应小序中起首至"余独不觉",下片则写"遂晴"之后所感了。春风犹冷,但转晴之后太阳斜照,与自己恰恰相对,表达了词人于雨后初晴的寒风中率先感受到一丝光亮。晴后一切安然,与暴雨来时匆忙之感截然不同,但词人在此情境之下,回首观望之前遇雨之路,唯有落日相迎,哪有什么风雨?词人的感慨,正是一种面对自然风雨的超脱,内心有定,则一切风波皆不可吹动,正好暗合了词人所用词牌名《定风波》的寓意。而"一蓑烟雨任平生"的诗意人生观,也深深地影响了后来人,使人们可以如此达观的人生态度笑傲挫折,坦然前行。

三月七日,沙湖道中遇雨。雨具先去,同行皆狼狈,余独不觉,已而遂晴,故作此词。

莫听穿林打叶声,何妨吟啸且徐行[1]。竹杖芒鞋轻胜马[2],谁怕,一蓑烟雨任平生[3]。　　料峭春风吹酒醒[4],微冷,山头斜照却相迎。回首向来萧瑟处,归去,也无风雨也无晴[5]。

——《苏轼词编年校注》

[1] 吟啸:放声吟咏。啸:撮口长啸,古人抒发情感的一种方式。
[2] 芒鞋:芒草所制之鞋。
[3] 蓑:用草或棕制成的雨衣,此用作量词。
[4] 料峭:早春微寒貌。
[5] 向来:刚才。萧瑟:细雨飘飞貌。

赤 壁 赋

苏 轼

〔解题〕本文作于元丰五年(1082)七月十六日,时东坡被贬黄州,游黄州赤壁而作。其后又于十月十五日再游赤壁,亦作赋,后人分称为《前赤壁赋》和《后赤壁赋》。赤壁,实为黄州赤鼻矶,并非三国赤壁之战旧址,当地因音近故名之赤壁,苏轼亦知,只是借题发挥罢了。本文可谓千古名篇,只因此文虽是一次游览所感,却表达了瞬刻永恒的千古话题,抒发了旷达豪迈的胸襟,影响着亿万中华儿女。

首段交代夜游背景。月圆之夜,泛舟于江,清风送爽,徐徐而至,月出东山,清光照耀,水面的光与夜色天空交接在一起。四野无人,浩浩于万顷水波之上,又有好客相伴,怎不令人心生超凡之感?如此美景,又伴美酒,本应畅怀,可客人却奏起了呜咽之曲,令人感慨。客人的咏古伤怀也算人之常情,道出了世俗大众的心声,人在天地间是极其渺小的,纵然是历史上的大英雄也一样被时间冲刷,哪里能像宇宙一样无穷呢?面对客人的悲叹,苏轼开解:如果从变的角度看,天地也不能有一瞬间的不变;如果从不变的角度,则万物和我都是无穷无尽的。此外,自然之清风明月,是自然界最珍贵的宝藏,我和你都能共同享用啊!

苏轼因"乌台诗案"被贬黄州,换作他人遭此打击或许一蹶不振,但东坡先生却完成了人生的超越,不是强作欢颜,努力忘却,而是真正能够旷达超脱。本文中苏轼所做的变与不变的对比,恰是禅宗思想的体现,不累于物,亦是李泽厚所讲的"瞬刻永恒"的体现。此外,拥抱自然,抛弃名利,才是得享畅达自由的前提。

壬戌之秋[1],七月既望[2],苏子与客泛舟游于赤壁之下。清风徐来,水波不兴,举酒属客[3],诵明月之诗,歌窈窕之章[4]。少焉,月出于东山之上,徘徊于斗牛之间[5]。白露横江,水光接天。纵一苇之所如[6],凌万顷之茫然[7]。浩浩乎如凭虚御风[8],而不知其所止;飘飘乎如遗世独立,羽化而登仙[9]。

于是饮酒乐甚,扣舷而歌之。歌曰:"桂棹兮兰桨[10],击空明兮泝流光[11]。渺渺兮予怀,望美人兮天一方[12]。"客有吹洞箫者[13],倚歌而和之。其声呜呜然,如怨如慕,如泣如诉,余音袅袅[14],不绝如缕。舞幽壑之潜蛟,泣孤舟之嫠妇[15]。

苏子愀然[16],正襟危坐,而问客曰:"何为其然也?"客曰:"'月明星稀,乌鹊南飞。'此非曹孟德之诗乎[17]?西望夏口[18],东望武昌[19]。山川相缪[20],郁乎苍苍。此非孟德之困于周郎者乎[21]?方其破荆州,下江陵,顺流而东也[22],舳舻千里[23],旌旗蔽空,酾酒临江[24],横槊赋诗[25],固一世之雄也,而今安在哉?况吾与子渔樵于江渚之上,侣鱼虾而友麋鹿[26]。驾一叶之扁舟,举匏尊以相属[27]。寄蜉蝣于天地,渺沧海之一粟[28]。哀吾生之须臾,羡长江之无穷。挟飞仙以遨游,抱明月而长终[29]。知不可乎骤得,托遗响于悲风[30]。"

苏子曰:"客亦知夫水与月乎?逝者如斯[31],而未尝往也;盈虚者如彼[32],而卒莫消长也。盖将自其变者而观之,则天地曾不能以一瞬;自其不变者而观之,则物与我皆无尽也[33],而又何羡乎？且夫天地之间,物各有主,苟非吾之所有,虽一毫而莫取。惟江上之清风,与山间之明月,耳得之而为声,目遇之而成色,取之无禁,用之不竭,是造物者之无尽藏也[34],而吾与子之所共食[35]。"

客喜而笑,洗盏更酌[36]。肴核既尽[37],杯盘狼籍[38]。相与枕藉乎舟中[39],不知东方之既白。

——《苏轼文集》卷一

[1] 壬戌:宋神宗元丰五年(1082)。

[2] 既望:农历每月十六日。望,每月十五日。

[3] 属(zhǔ嘱):通"嘱",托付。此谓劝。

[4] "诵明月之诗"二句:《诗经·陈风·月出》第一章云:"月出皎兮,佼人僚兮,舒窈纠兮,劳心悄兮。"窈纠、窈窕,古音相近。此二句谓月未上时,诵《月出》诗中写明月皎洁的句子,唱其中美人婀娜美好的句子。

[5] 斗牛:二十八宿中的斗宿和牛宿。

[6] 一苇:喻小船。如:往,到。

[7] 凌:越。

[8] 御:驾。

[9] 羽化:道家用语,飞升成仙。

[10] "桂棹(zhào照)"句:极言船之美。棹,船桨,此谓船。

[11] 泝(sù诉):通"溯",回溯。

[12] 渺渺:幽远貌。

[13] 洞箫:以竹管编排、蜡蜜封底者为排箫,不封者为洞箫。与今称单管竖吹为洞箫者不同。

[14] 袅袅:谓声音婉转不绝。

[15] 嫠(lí离)妇:寡妇。

[16] 愀(qiǎo巧)然:忧愁貌。

[17] "月明"三句:为曹操《短歌行》句。孟德:曹操的字。

[18] 夏口:今湖北武昌。

255

［19］武昌:今湖北鄂州。

［20］缪(liáo缭):同"缭",环绕。

［21］"此非"句:指汉献帝建安十三年(208)十月,孙权、刘备联军五万在赤壁击败曹操三十万大军事。周郎:周瑜。

［22］荆州:治所在襄阳(今属湖北)。江陵:今属湖北。

［23］舳舻(zhú lú 竹卢):首尾相联的多只船。舳,船尾持舵处。舻,船头。

［24］酾(shī 师):斟。

［25］槊:长矛。

［26］麋(mí 迷):兽,鹿属。

［27］匏(páo 袍)尊:葫芦制成的酒器。匏,葫芦。尊,同"樽",酒器。属(zhǔ):注入,斟酒相劝。

［28］"寄蜉蝣"二句:喻自己的短暂和渺小。蜉蝣:虫名,仅能存活极短的时间。

［29］终:久。

［30］遗响:谓洞箫的余音。

［31］斯:代水。

［32］彼:代月。

［33］曾:竟。

［34］造物者:创造万物的神。无尽藏:无穷无尽的宝藏。

［35］食:享。一作"适",又作"乐"。

［36］更:换。

［37］肴核:肉类、果类食品。

［38］狼籍:杂乱貌。

［39］枕藉(jiè 借):纵横叠卧,此谓卧眠。

记承天寺夜游

苏　轼

〔**解题**〕本文作于元丰六年(1083),东坡在黄州已有四年,记述了与友人张怀民夜游之缘由及所见所感。文章极其简洁,自然流畅,略无修饰,更无造作之感。东坡的"团练副使"是个闲差,不只是政事清闲,更由于两人那闲适的心境、空明的内心使得无处无时不是良辰美景。失去了凡俗的充冗,空下来得见万物的美好,到底什么才是真正永恒而使人充实的呢?

　　元丰六年十月十二日夜,解衣欲睡,月色入户,欣然起行。念无与为乐者,遂至承天寺,寻张怀民[1]。怀民亦未寝,相与步于中庭。庭下如积水空明,水中藻荇交横[2],盖竹柏影也。
　　何夜无月,何处无竹柏。但少闲人如吾两人者耳。黄州团练副使苏某书[3]。

——《苏轼文集》卷七十一

[1] 张怀民:苏轼僚友,时亦贬居黄州。
[2] 藻、荇(xìng 幸):均为水生植物,此谓水草。藻,水草的总称。荇,一种多年生水草,叶子像心脏形,面绿背紫,夏季开黄花。
[3] 团练副使:有官名而无职事的散官,常用于安置贬官。

六月十四日宿东林寺

陆 游

〔解题〕淳熙五年(1178),诗人奉诏由成都到临安,路过九江,因作此诗。东林寺,庐山名刹,诗人曾于乾道六年(1170)入蜀时借宿于此。今故地重游,心绪万千。起首两句以看尽千万山峰作比,宦游数载,行程万里,所以也是历尽风霜,胸襟自然开阔,纵然云梦大泽也难以使胸怀稍有芥蒂。开门见山,想见诗人气魄与益发放达的人生态度。身在东林寺,却戏言意图招来西塞山之月,与李白"举杯邀明月"有异曲同工之妙。月亮何处不同？诗人分别此地之月与彼地之月,正是身在此地,而心想彼处之形象表达罢。西塞山,有西晋大将王濬于此伐吴而完成一统的故事,诗人缘此而表述心怀北伐之意。"远客"两句,有不知奔波之累而欣喜相逢之意。"虚窗"掩映,既写了寺院特有的环境,也是心境虚明的呈现。熟睡而惊觉,一个"惊"字也泄露了诗人内心情感,所谓心静、所谓戏招、所谓虚静皆非本心,心中有事睡梦中才能被惊醒,却又顿时恍然大悟:不过是山野间的水碓在舂米罢了。此诗表现了诗人旷达的胸襟,以及为国担忧的情怀,还有因借宿佛教圣地而带来的片刻安宁,诸多情感交杂而表露无遗,诗句隽永,字字哑汤带骨。

看尽江湖千万峰,不嫌云梦芥吾胸[1]。戏招西塞山前月[2],来听东林寺里钟。远客岂知今再到,老僧能记昔相逢。虚窗熟睡谁惊觉[3],野碓无人夜自舂[4]。

——《剑南诗稿校注》卷十

[1] 云梦:先秦时期楚国大泽名,其址大致包括今湖南益阳、湘阴以北,湖北江陵、安陆以南地区。

[2] 西塞山:在今湖北大冶东,临长江。

[3] 虚窗:开着窗户。

[4] 野碓(duì 对):此谓山野间以自然水力舂米的水碓。碓,舂米器具。

游园不值

叶绍翁

〔解题〕叶绍翁,字嗣宗,号靖逸,龙泉(今属浙江)人。南宋时人。本诗写早春时节,游园而逢主人不在之事,通过"红杏出墙"描写出早春春色弥漫之势。一二句写来颇有情趣,写主人不在,恐是怜惜客人木屐的屐齿踩坏苍苔而关门的。"不值"本是令人不悦之事,因为乘兴而来,未能尽兴而遇,然而诗人前两句的幽默之笔不见嗔恨,后两句的神来之笔只见喜悦,却是名为"不值"而心有所得了。早春最是春色迷人时节,然而诗人感知春色是否只是因为见到一枝红杏出墙之时?想来未必,园子虽好,园外总还有柳树泛绿,杏花泛红,春意涌动,而诗人正是感知到这个时节的变化而欲造访该园以探春色之饱满吧!然而诗人以不值之事,写杏花一枝,而将满园春色之美,留在言外,交付读者去联想品味了。

应嫌屐齿印苍苔[1],十扣柴扉九不开[2]。春色满园关不住,一枝红杏出墙来。

——《靖逸小集》

[1] 嫌:一作"怜"。屐:木鞋,底有二齿以防滑。
[2] 十:一作"小"。扣:通"叩",敲门。柴扉:以树枝木干做成的门。九:一作"久"。

虎 丘 记（节选）

袁宏道

〔解题〕袁宏道(1568—1610)，字中郎，号石公，公安（今属湖北）人。万历二十年(1592)进士，历任吴县令、礼部主事、吏部郎官等。与兄宗道、弟中道并称"三袁"，世称"公安派"，其中以宏道成就最大。袁宏道文学上反对盲目尊古，认为"世道既变，文亦因之"。主张"独抒性灵，不拘格套，非从自己胸臆中流出不肯下笔"，认为"古有古之时，今有今之时"，可以说袁宏道的文学创作观点是与时俱进的。虎丘，苏州名胜之一。相传春秋时期吴王阖闾埋葬于此，三日后有白虎踞其上，故名虎丘。万历二十三年(1595)，作者曾任吴县令，期间六游虎丘。万历二十四年，去官离开吴县之前，又游虎丘，作此文。一般游记多以描述山川自然风物为主要内容，而本文描写之独特处在以写人为主，并以作者内在思绪为中心线索。原因在于，虎丘非处远离人群之野外，而是"去城可七八里"，开篇第一句话其实交代了后文为何主要写熙熙攘攘之游人的原因。而又因为作者此前六游虎丘，本次是离开吴县之前的留恋之游，所以写人也非本次之见闻，而是结合之前游览经历而书写虎丘游人之盛与内在感受。文章前半段极写虎丘中秋之热闹景象，写到虎丘之歌席由千百人到数十人，再到三四人，最后一人，既写出夜色渐深而游客渐渐散去，也写出阳春白雪、曲高和寡之感慨。作者用笔精工，场景描写如在目前，描写音乐之动人处，显然别有会心，读者当于宁静独处时细细品味。

虎丘去城可七八里[1],其山无高岩邃壑[2],独以近城故,箫鼓楼船[3],无日无之。凡月之夜,花之晨,雪之夕,游人往来,纷错如织[4],而中秋为尤胜。每至是日,倾城阖户[5],连臂而至。衣冠士女[6],下迨蔀屋[7],莫不靓妆丽服[8],重茵累席[9],置酒交衢间[10]。从千人石上至山门[11],栉比如鳞[12],檀板丘积[13],樽罍云泻[14],远而望之,如雁落平沙,霞铺江上,雷辊电霍[15],无得而状[16]。

布席之初[17],唱者千百,声若聚蚊,不可辨识。分曹部署[18],竞以歌喉相斗,雅俗既陈,妍媸自别[19]。未几而摇头顿足者,得数十人而已。已而明月浮空,石光如练[20],一切瓦釜[21],寂然停声,属而和者[22],才三四辈。一箫,一寸管,一人缓板而歌[23],竹肉相发[24],清声亮彻,听者魂销。比至夜深,月影横斜,荇藻凌乱[25],则箫板亦不复用。一夫登场,四座屏息,音若细发,响彻云际,每度一字[26],几尽一刻[27],飞鸟为之徘徊,壮士听而下泪矣。

——《袁宏道集笺校》卷四

[1] 去:距离。可:大约。

[2] 邃壑:幽深的山谷。

[3] 箫鼓楼船:配有音乐弹唱的游船。

[4] 纷错如织:状写游人很多,杂乱纷扰。纷错,杂乱。

[5] 倾城阖(hé 合)户:全城家家户户。阖户,全家。

[6] 衣冠士女:谓上层社会的男男女女。衣冠,古代士以上有身份的人的服饰,因借指士绅。

[7] 迨(dài 带):至、到。蔀(bù 部)屋:草席盖顶的屋子,谓贫者之居,此谓穷人。

[8] 靓(jìng 静)妆:美丽的妆饰。

［9］重茵累席：重叠的席褥坐垫。茵，席子，垫子。

［10］交衢：四通八达的道路。

［11］千人石：巨石名，传说晋代高僧竺道生曾在此说法，石上坐千人听讲，因以得名。竺道生人称生公，又称"生公石"。山门：佛寺大门。

［12］栉比如鳞：像鱼鳞梳齿一样紧密排列。栉，梳篦之类。比，并列。

［13］檀板：用檀木制成的拍板，唱歌时用以伴奏。丘积：堆积如小土丘。喻歌者之众。

［14］樽罍：盛酒器皿。云泻：像流云一样倾泻。喻酒宴之盛。

［15］雷辊：如车轮滚动般的雷鸣。辊（gǔn 滚），车轮声。电霍：如闪电般的光亮。

［16］无得而状：无法加以描述。

［17］布席：安排座位。

［18］分曹部署：分组安排。

［19］妍媸（chī 吃）：美丑。此谓优劣。

［20］练：白绢。

［21］瓦釜：比喻粗俗杂乱的声音。

［22］属（zhǔ 嘱）而和（hè 贺）者：应声附和而唱。

［23］缓板：慢慢地击着歌板。

［24］竹肉：管乐声和歌唱声。

［25］荇（xìng 幸）藻：水草，此处状写月下树枝树叶的影子。

［26］度：按谱歌唱。

［27］几尽一刻：状歌声曼长。刻，计时单位，古代用漏壶计时，一昼夜为一百刻，一刻相当于今天的十五分钟。

满 井 游 记

袁宏道

〔**解题**〕本文是袁宏道作于万历二十七年（1599）的一篇山水游记小品。满井是北京安定门五里外的一口古井，井中飞泉喷礴，四时不竭。明代小品有个共同的特点，就是篇幅短小，时有新奇处，或语言精巧，或结构精奇，或描摹精要。本文采用欲扬先抑的手法，题目系满井游记，开篇先写其时寒风犹厉，不能出门，纵然冒风出去，也走不几步就回来了。下文话锋一转，写某日天气稍微暖和便出游满井。开头似乎绕路，但一经铺垫，便直扎痛处。这时作者见到郊外已经有了春意，浑不是自己想象的模样。描写了周边景色与人群活动，感慨道城居者不知郊田之春，此一感慨可谓文章之眼目。正如袁氏之主张，文章须不拘格套，从自己胸臆中流出，本文便是代表。

燕地寒[1]，花朝节后[2]，余寒犹厉。冻风时作[3]，作则飞沙走砾[4]，局促一室之内[5]，欲出不得。每冒风驰行，未百步，辄返。

廿二日，天稍和，偕数友出东直[6]，至满井。高柳夹堤，土膏微润[7]，一望空阔，若脱笼之鹄[8]。于时冰皮始解[9]，波色乍明，鳞浪层层[10]，清澈见底，晶晶然如镜之新开[11]，而冷光之乍出于匣也。山峦为晴雪所洗，娟然如拭[12]，鲜妍明媚,如倩女之靧面,而髻鬟之始掠也[13]。柳条将舒未舒,柔梢披风,麦田浅鬣寸许[14]。游人虽未盛,泉而茗者[15],罍而歌者[16],红装而蹇者[17],亦时时有。风力虽尚劲,然徒步则汗出浃背。凡曝沙之鸟,呷浪之鳞[18],悠然自得,毛羽鳞鬣之间[19],皆有喜气。始知郊田之外,未始无春,而城居者未之知也。

夫不能以游堕事[20],而潇然于山石草木之间者,惟此官也[21]。而此地适与余近,余之游将自此始,恶能无记?己亥之二月也[22]。

——《袁宏道集笺校》卷十七

[1] 燕(yān 烟):河北省北部,包括今天的北京古属燕国。

[2] 花朝节:俗传农历二月十二日为百花生日,称为花朝节。一说以二月初二或二月十五日为花朝节。

[3] 冻风:寒风。

[4] 砾(lì 力):碎石。

[5] 局促:拘束、局限。

[6] 东直:东直门,北京旧城东面的一座城门。

[7] 土膏:此谓土地。

[8] 鹄:天鹅。

[9] 冰皮始解:水面上的冰开始融化。

[10] 鳞浪:如鱼鳞般的细浪。

[11] 晶晶然:清澈明亮貌。开:谓刚刚磨过。

[12] 娟然:姿态美好貌。拭:擦洗。

[13] 倩女:美女。靧(huì 会)面:洗脸。掠:梳理。

[14] 鬣(liè 列):马头上的鬃毛。此处喻指麦苗。

[15] 泉而茗:取泉水煮茶。

[16] 罍而歌:饮酒唱歌。罍(léi 雷),盛酒器,此谓喝酒。

[17] 红装而蹇:穿着艳丽的服装,骑着驴的女子。蹇,马、驴之类行走

迟缓,此谓骑驴。

[18] 呷浪之鳞:在波浪里呼吸的鱼。

[19] 毛羽鳞鬣:泛指鸟兽虫鱼。

[20] 堕事:耽误公事。

[21] 此官:作者自谓,其时袁宏道任顺天府学教官。

[22] 己亥:万历二十七年(1599)。

湖心亭看雪

张 岱

〔解题〕张岱(1597—1680?),字宗子,号陶庵,山阴(今浙江绍兴)人,寓居杭州。散文多写山水景物、日常琐事,不少作品表现出明亡后怀旧感伤情绪,文笔清新,短隽有味。湖心亭,在杭州西湖中。本文写西湖大雪三日,作者独自去湖心亭看雪,语言寥寥几笔,却有传神之妙。大雪三日,天地白茫茫一片,此时常人或许在家避寒取暖,而作者却独自到湖心亭,表现出超然孤绝的情怀。文章自"上下一白"开始,连用四个"一"字,颇有中国画笔墨贯通之意,言简而意丰。前文写独自出游,后文却在亭上邂逅二人饮酒,强饮三大白,用舟子之言写出作者等三人的"痴",正是为人物写心的点睛之笔。一篇小文,写出了人在天地间之渺小与孤绝,像一幅水墨画。

崇祯五年十二月[1],余住西湖。大雪三日,湖中人鸟声俱绝。

是日,更定矣[2],余拏一小舟[3],拥毳衣炉火[4],独往湖心亭看雪。雾凇沆砀[5],天与云与山与水,上下一白。湖上影子,惟长堤一痕[6]、湖心亭一点、与余舟一芥、舟中人两三粒而已。

到亭上,有两人铺毡对坐,一童子烧酒炉正沸。见余大喜,曰:"湖中焉得更有此人?"拉余同饮。余强饮三大白而别[7]。问其姓氏,是金陵人,客此。及下船,舟子喃喃曰:"莫说相公痴[8],更有痴似相公者。"

——《陶庵梦忆》卷三

[1] 崇祯:明思宗朱由检年号,崇祯五年即1632年。

[2] 更定:古人把一夜分为五更,一更约为两个小时。初更开始,击鼓报告,谓之定更,其时约为晚上八时许。

[3] 挐(ráo 饶):通"桡",船桨,此谓用桨划船。

[4] 毳(cuì 翠)衣:用鸟兽毛织成的衣服。

[5] 雾凇(sōng 松):寒冷天水汽在树枝上凝结的冰花,也叫树挂。沆砀(hàng dàng 航去声荡):天地间弥漫的白气。

[6] 长堤:西湖中的白堤。一痕:状写白堤隐约只见一道痕迹。

[7] 大白:酒杯。

[8] 相公:原本是对宰相的尊称,宋元以后成了对人的尊称。

随园记

袁 枚

〔解题〕袁枚(1716—1798),字子才,晚号随园老人,浙江杭州人。论诗倡导"性灵",为人崇尚自然,不受拘束。本文作于乾隆十四年(1749),袁枚于乾隆十年(1745)买下原江宁织造隋赫德的隋园,重加修葺,改名"随园"。本文先记其地理位置,阐述缘何易名"随园"之根由,以及为常居此园而辞官以写此园之意趣。袁枚此文,标明随园方位,只一句"登小仓山,诸景隆然上浮,凡江湖之大,云烟之变,非山之所有者,皆山之所有也",即足以引起读者阅读兴趣。而写该园之奇之美,从其名称上着墨,由"隋"而"随",可见前名之陋,未能适园之奇,从中既可见袁枚其人之性好自然,以及随缘自适之性格,又可得园林营建之真谛。园林乃是中华文化之重要载体,园林艺术的文化精神,正可由因循本性的一"随"字而来。一切随其自然,尽得自然之妙。

　　金陵自北门桥西行二里,得小仓山。山自清凉胚胎[1],分两岭而下,尽桥而止。蜿蜒狭长,中有清池水田,俗号干河沿。河未干时,清凉山为南唐避暑所,盛可想也。凡称金陵之胜者,南曰雨花台[2],西南曰莫愁湖[3],北曰钟山[4],东曰冶城[5],东北曰孝陵[6],曰鸡鸣寺[7]。登小仓山,诸景隆然上浮[8]。凡江湖之大,云烟之变,非山之所有者,皆山之所有也。

　　康熙时,织造隋公当山之北巅[9],构堂皇[10],缭垣牖[11],树之荻千章[12]、桂千畦。都人游者,翕然盛一时[13],号曰"隋园",因其姓也。后三十年,余宰江宁,园倾且颓,弛其室为酒肆,舆台嚾呶[14],禽鸟厌之不肯妪伏[15];百卉芜谢,春风不能花。余恻然而悲,问其值,曰三百金;购以月俸。茨墙剪阖[16],易檐改途。随其高,为置江楼;随其下,为置溪亭;随其夹涧,为之桥;随其湍流,为之舟;随其地之隆中而欹侧也,为缀峰岫[17];随其蓊郁而旷也[18],为设宧突[19]。或扶而起之,或挤而止之,皆随其丰杀繁瘠[20],就势取景,而莫之夭阏者[21],故仍名曰"随园",同其音,易其义。落成叹曰:"使吾官于此,则月一至焉;使吾居于此,则日日至焉。二者不可得兼,舍官而取园者也。"遂乞病,率弟香亭、甥湄君移书史居随园[22]。闻之苏子曰[23]:"君子不必仕,不必不仕。"然则余之仕与不仕,与居兹园之久与不久,亦随之而已。夫两物之能相易者[24],其一物之足以胜之也。余竟以一官易此园,园之奇,可以见矣。

　　己巳三月记[25]。

——《小仓山房文集》卷十二

　　[1] 清凉:山名,在南京市西,又名石头山。山上曾建有清凉寺,南唐时建有清凉道场。该寺已废。胚胎:喻指事物的开端,本源。此谓小仓山由清凉山发源,为其余脉。
　　[2] 雨花台:地名。相传梁武帝时有云光法师讲经于此,感天而花落如雨,因故得名。
　　[3] 莫愁湖:相传为南齐时莫愁女居处而名。
　　[4] 钟山:又名金陵山、紫金山、蒋山、北山。是南京主要山脉。
　　[5] 冶城:相传吴王夫差冶铁于此,故名。

［6］孝陵：明太祖朱元璋陵墓。

［7］鸡鸣寺：在南京市区北鸡鸣山，故名。

［8］隆然：陡然隆起状。

［9］织造：职官名。明清时设于江宁、苏州、杭州，掌理织造皇室各项衣料等事。隋公：隋赫德。

［10］堂皇：广大的堂厦。

［11］缭：缭绕，此谓建造。垣（yuán 原）：矮墙，墙。牖（yǒu 有）：窗户。

［12］萩（qiū 秋）：即"楸"。落叶乔木，干直树高。树之荻千章，谓楸树千株。

［13］翕然：和顺状。

［14］舆台：舆和台是古代社会中两个低等级的名称，后来泛指奴仆及地位低下的人。讙呶（huān náo 欢挠）：喧哗吵闹。讙，喧嚣，喧哗。呶，喧哗。

［15］妪伏：原指鸟孵卵，此谓栖息。

［16］茨墙剪阖：修筑篱笆。茨（cí 词）墙，用毛糙等筑的墙。阖（hé 河），苫盖。

［17］峰岫（xiù 秀）：峰为山头，岫为山侧，此谓依据随园之地势而造山。

［18］蓊（wěng 翁上声）郁：茂盛浓密貌。

［19］宧窔（yí yǎo 怡咬）：房屋的东北角与东南角。古代建房，多在东南角设厕所，东北角设厨房。此即代指。

［20］丰：丰盛。杀：萧杀。繁：繁茂。瘠：贫瘠。

［21］夭阏（è）：受阻折而中断，此谓没有改变小仓山原来的形势。

［22］香亭：袁枚弟袁树，字豆村，号香亭。湄君：袁枚外甥陆建，字湄君，号豫庭。书史：书籍。

［23］苏子：宋朝大文学家苏轼。下面的引文出自苏轼《灵壁张氏园亭记》。

［24］相易：互换。

［25］己巳：乾隆十四年（1749）。

田园逸趣

归 田 赋

张 衡

〔**解题**〕张衡(78—139),字子平。南阳西鄂(今河南南阳)人。在东汉历任郎中、太史令、公车司马令太史令、河间相等职。文学创作涉猎赋、诗、说、疏、策、谏、赞等多个领域,对天文历法颇有研究,曾研制浑天仪、候风地动仪。本文是抒情小赋的代表。汉代大赋兴盛,小赋创作占比不大。张衡《归田赋》,文字短小精妙,抒写意欲离开繁杂政务而回归田园之乐的思想主题。赋中想象仲春时节,天暖气清,龙吟虎啸,仰射俯钓。待夕阳西下,皓月当空,驾车回归,手挥五弦,咏诵周孔。全赋语言清新,风格淡雅。

游都邑以永久[1],无明略以佐时[2]。徒临川以羡鱼[3],俟河清乎未期[4]。感蔡子之慷慨[5],从唐生以决疑[6]。谅天道之微昧[7],追渔父以同嬉[8]。超埃尘以遐逝[9],与世事乎长辞[10]。

于是仲春令月[11],时和气清。原隰郁茂[12],百草滋荣。王雎鼓翼[13],鸧鹒哀鸣[14]。交颈颉颃[15],关关嘤嘤[16]。于焉逍遥[17],聊以娱情。尔乃龙吟方泽[18],虎啸山丘。仰飞纤缴[19],俯钓长流。触矢而毙[20],贪饵吞钩[21]。落云间之逸禽[22],悬渊沉之魦鰡[23]。

于时曜灵俄景[24],系统以望舒[25]。极般游之至乐[26]，虽日夕而忘劬[27]。感老氏之遗诫[28]，将回驾乎蓬庐[29]。弹五弦之妙指[30]，咏周孔之图书[31]。挥翰墨以奋藻[32]，陈三皇之轨模[33]。苟纵心于物外，安知荣辱之所如[34]？

——《文选》卷十五

[1] 都邑：谓东汉京都洛阳。永：长。久：滞。

[2] 明略：明智的谋略。

[3] 徒：空，徒然。羡：因喜爱而希望得到。

[4] 俟：等待。河清：黄河水清，古人认为这是政治清明的标志。

[5] 蔡子：谓战国时燕人蔡泽。慷慨：壮士不得志于心。

[6] 唐生：即唐举，又称唐莒，战国时梁人。决疑：请人看相以决对前途命运的疑惑。蔡泽游学诸侯，未发迹时，曾请唐举看相，后入秦，代范雎为秦相。

[7] 谅：确实，委实。微昧：幽隐。

[8] 渔父：古代渔父避世隐身，钓鱼江滨，欣然而乐的角色象征。此句表明自己将与渔父同乐于山川。嬉：乐。

[9] 超尘埃：即游于尘埃之外。尘埃，喻指纷浊的世务。遐逝：远去。

[10] 长辞：永别。

[11] 仲春：春季的第二个月，即农历二月。令月：吉日，好的时节。令，美好的。

[12] 原：宽阔平坦之地。隰（xí）：低湿之地。郁茂：草木繁盛貌。

[13] 王雎：鸟名。即雎鸠。

[14] 鸧鹒（cāng gēng 仓庚）：鸟名，即黄鹂。

[15] 颉颃（xié háng 携航）：鸟上下飞。

[16] 关关：王雎鸟鸣声。嘤嘤：鸧鹒鸟鸣声。关关嘤嘤：谓此二鸟音声和鸣。

[17] 于焉：于是乎。逍遥：安闲自得。

[18] 而乃：于是。方泽：大泽。

[19] 纤缴（zhuó 浊）：指箭。纤，细。缴，射鸟时系在箭上的生丝绳。

［20］触矢：射。此谓鸟触矢而毙命。

［21］吞钩：谓鱼贪吃诱饵而吞咬鱼钩。

［22］逸禽：云间高飞的鸟。

［23］悬：钓起在深渊的鱼。渊沉，指极深的水。鲨（shā 沙）、鳉（liú 留）：皆鱼名。

［24］曜（yào 要）灵：日。俄：斜。景（yǐng 影）：同"影"。

［25］系：继。望舒：神话传说中为月神驾车的御者，此谓月亮。

［26］般（pán 盘）游：游乐。般，乐。

［27］劬（qú 渠）：劳苦。

［28］老氏之遗诫：谓《老子》十二章："驰骋田猎，令人心发狂。"

［29］回：返回。蓬庐：茅屋。

［30］五弦：五弦琴。指：通"旨"。

［31］周、孔之图书：周公、孔子著述的典籍。

［32］翰：毛笔。藻：辞藻。

［33］陈：陈述。轨模：法则。

［34］如：往，到。

归园田居(选二)

陶渊明

其一

〔解题〕《归园田居》共五首,本诗为第一首。陶渊明在晋安帝义熙元年(405)冬十一月辞去彭泽县令归隐田园,本诗摹写春景,当是翌年(406)所作。陶渊明作为第一位田园诗人,《归园田居》是著名的代表作。诗人首写"性本爱丘山",不能随适世俗。所以错误进入官场多年,如今,如羁留的鸟儿思念旧日的山林,池中的鱼儿思念过去的水渊一般。此是本性使然,终究回归田园。继而写回归田园后开荒生产,田宅不多,却写得饶有生活情趣。如"榆柳"至"余闲"句,虽是寻常乡村景色,却字字满含着适然愉悦之情。结句点题,"自然"二字,可谓此诗诗眼,既指本性自然,亦指田园自然,包括田园劳作之自然而然。苏轼评价"渊明诗初看若散缓,熟看有奇句"。其实,苏轼所谓"奇句",也是自然而奇者。

少无适俗韵[1],性本爱丘山。误落尘网中[2],一去三十年。羁鸟恋旧林,池鱼思故渊[3]。开荒南野际,守拙归园田[4]。方宅十余亩[5],草屋八九间。榆柳荫后檐,桃李罗堂前。暧暧远人村,依依墟里烟[6]。狗吠深巷中,鸡鸣桑树颠。户庭无尘杂,虚室有余闲[7]。久在樊笼里,复得返自然[8]。

——《陶渊明集笺注》卷二

[1] 韵:本性、气质。

[2] 尘网:尘世之俗事俗欲如网缠人。

[3] "羁鸟"二句:以羁鸟和池鱼喻指对田园的向往,和冲破束缚的渴望。

[4] 守拙:意谓坚守朴拙本性,不与世俗随和。拙,是对世俗技巧相对而言。

[5] 方:方圆,周围。

[6] 依依:依稀隐约,若有所无。墟里:村落。

[7] 无尘杂:谓门厅洁净。虚室:不特意装饰的居室。

[8] 樊笼:比喻世俗社会。自然:自然而然,非人为的自在状态。

其三

〔解题〕 本诗为《归园田居》第三首。陶渊明离开官场,来到田园,田园的风光令他欣喜(见其一),而田园的劳作也让他体会到了自然人生的乐趣。本来一天的劳作,想必是很辛苦的,尤其是对于一位农耕新手来说,但也只有他才能在劳作终日之余自觉到"带月荷锄"的诗意况味,也只有他才能抒写诗意所不能遮掩的劳作者的心声。一方面,只要解除俗务,自在田园,即便与农田茅舍为伍,即便劳作辛苦,心下确是愉悦的;另一方面,只有亲身劳作,体验生计之艰难,也才能避免身在田园而心存魏阙的精神隔膜。陶渊明的田园诗,因此具有不可替代的人文审美价值。

种豆南山下,草盛豆苗稀。晨兴理荒秽[1],带月荷锄归[2]。道狭草木长,夕露沾我衣。衣沾不足惜,但使愿无违。

——《陶渊明集笺注》卷二

[1] 晨兴:晨起。理:治理。荒秽:田中杂草。
[2] 荷(hè 贺):扛、担。

饮　酒（其五）

陶渊明

〔解题〕《饮酒》共有二十首，陶渊明诗前小序说："余闲居寡欢，兼比夜已长，偶有名酒，无夕不饮，顾影独尽，忽焉复醉。既醉之后，辄题数句自娱。纸墨遂多，辞无诠次，聊命故人书之，以为欢笑尔。"本诗为第五首，最为著名。虽属"饮酒"诗，却无一字写饮酒，亦无一字有醉意。如王士禛所言，该诗"通篇意在'心远'二字，'真意'在此，'忘言'亦在此。"有此心境，自然会在采菊东篱之际，无心而与南山之呈现邂逅。一日之中，山中云气以日夕为最好，之所以如此者，是因为日暮黄昏时刻，正是牛羊归来时刻，正是倦鸟飞归时刻，自然也就是人间倦游者的精神回归时刻。从第一段落的"心远地自偏"，经历第二段落的"悠然见南山"，最后落在"欲辩已忘言"的结尾处，诗人精神跃迁的历程清晰可辨。至于诗篇最后的"真意"究竟是指什么，还是遵从诗人自己的态度：想要说什么，却又忘记了该如何说。这岂止是生活中的"忘言"，这是哲学的"忘言"啊！

结庐在人境[1]，而无车马喧[2]。问君何能尔[3]，心远地自偏[4]。采菊东篱下，悠然见南山[5]。山气日夕佳[6]，飞鸟相与还[7]。此中有真意，欲辩已忘言。

——《陶渊明集笺注》卷三

［1］结庐:建造房室。人境:人烟聚居处。

［2］车马喧:谓世俗的交往。喧,声音大而杂。

［3］君:诗人自谓。尔:如此。

［4］心远:与"地偏"对举。结庐之地本不偏,因为本心远离世俗,故所处之地也自然偏远了。

［5］南山:庐山。

［6］山气:山间之云气。

［7］相与还:结伴飞还南山。

野　望

王　绩

〔解题〕王绩(590—644),字无功,隐居东皋,号东皋子。绛州龙门(今山西河津)人。本诗作于唐高祖李渊入主关中之初,尾联抒情言志,中间两联写景,语言质朴传神,表达出归隐田园之后依然带有淡淡苦闷的主体情怀。王绩生平三隐三仕,内心是纠结与矛盾的,从本诗所带有的情感也能看出这一点。最后说愿意仿效伯夷和叔齐隐居山中,其实,伯夷叔齐的人格魅力,犹如司马迁《伯夷叔齐列传》所抒写,岂止是逍遥山水而已。

东皋薄暮望[1],徙倚欲何依[2]?树树皆秋色,山山唯落晖。牧人驱犊返,猎马带禽归。相顾无相识,长歌怀采薇[3]。

——《王绩诗注》

[1] 皋:水边高地。诗人曾亲自耕作于东皋。
[2] 徙倚:犹徘徊、彷徨。
[3] 采薇:援引《诗经·召南·草虫》"陟彼南山,言采其薇。未见君子,我心伤悲"句意,谓其孤独无侣。另,周初伯夷、叔齐隐于首阳,采薇为生,作者与之处境有相似之处,也有借用之意。

江村即事

司空曙

〔解题〕司空曙(约720—790),字文明,一字文初,广平(今河北永年)人。代宗大历初登进士第。"大历十才子"之一。即事,就眼前事物抒发情感。此诗写江村眼前事物,不过是垂钓归来的渔人没有系住船这一细小动作,诗人由此联想到这只船很可能被夜间忽然而起的风给吹到别处去,但继而又想,那又如何呢,任由风吹也只在芦苇丛中,浅水岸边。也正因为如此,"渔人"自可放心安睡!世人读后,眼前浮现出一幅小舟不系水边而自在漂浮的画面,表达了钓者随意自适的生活闲趣。"不系船"统摄诗意,而"正堪眠"点出闲情。正如胡震亨评价:"司空虞部婉雅闲淡,语近性情。"(《唐音癸签》卷七)

钓罢归来不系船[1],江村月落正堪眠[2]。纵然一夜风吹去,只在芦花浅水边。

——《全唐诗》卷二百九十二

[1] 罢:完了,毕。
[2] 堪:能,可以,足以。

渔 歌 子(其一)

张志和

〔解题〕张志和(743?—?),初名龟龄,字子同,号烟波钓徒、玄真子、浪迹先生,婺州金华(今属浙江)人。曾官左金吾卫录事参军。《渔歌子》原有五首,此为第一首。题名原为唐时教坊曲名,后用为词调。大历七年(772),颜真卿任湖州刺史,本诗为志和与之交游时所作。本诗画面感极强,山前飞白鹭,流水粉桃花,水发鳜鱼肥,渔翁不回家。诗中风景绝美,寥寥几笔写出春天生机勃勃。渔父沉浸其中,一身青绿的渔人,融入一片春雨的青绿之中,还有比这更富于诗情画意的意境吗!

西塞山前白鹭飞[1],桃花流水鳜鱼肥[2]。青箬笠[3],绿蓑衣,斜风细雨不须归。

——《全唐五代词》正编卷一

[1] 西塞山:在浙江省湖州市西面。
[2] 鳜(guì 桂)鱼:俗称桂鱼,一种大口细鳞、淡黄带褐色的鱼。
[3] 箬笠:用箬竹做的斗笠。箬竹为竹的一种,茎中空而细长。

渔 翁

柳宗元

〔解题〕本诗作于永州时。诗句中的"渔翁"似乎是诗人的象征,醉情山水,悠然处于江湖之远,而看风轻云淡。一二句写渔翁夜宿西岩,晨起打水烧竹做饭。虽有烟火色,却远离人烟,有随遇而安的洒脱感。三四句写日出而烟雾渐消,空荡荡不见人,随着一声橹响,满眼间尽是青山绿水。五六句写回头远看,只见山岩上的云朵似在自由追逐,一派率意境象。全诗风格恬淡,虽似实写风景,却成功塑造了渔翁醉情山水的逍遥性情。

渔翁夜傍西岩宿,晓汲清湘燃楚竹[1]。烟销日出不见人,欸乃一声山水绿[2]。回看天际下中流,岩上无心云相逐。

——《柳宗元集》卷四十三

[1] 清湘:湘水。湘水流经永州北。楚竹:楚地的竹,永州古属楚国。
[2] 欸乃(ǎi nǎi 矮奶):一说为拨船声,一说为棹歌。

村　行

王禹偁

[解题] 王禹偁(954—1001),字元之,济州巨野(今山东巨野)人。宋太宗太平兴国八年(983)进士。本诗为作者于宋太宗淳化三年(992)秋被贬为商州(今陕西商县)团练副使时所作。题目表明此诗所写是村中穿行之所见所感,诗作亦全在此二字统摄下延展。信马穿山而过,见秋菊初黄,听万壑有声,山峰静立,棠梨叶落,荞麦花开,好一幅秋日村行画卷。前六句写景悠然自得,但七八句话锋一转,突生惆怅之心,原来这里处处像自己的家乡啊!前面刻画的所有村行美景,至此全化成了丝丝乡愁。

马穿山径菊初黄,信马悠悠野兴长[1]。万壑有声含晚籁[2],数峰无语立斜阳。棠梨叶落胭脂色[3],荞麦花开白雪香[4]。何事吟余忽惆怅[5],村桥原树似吾乡[6]。

——《小畜集》卷九

[1] 信:任凭。
[2] 籁:孔穴中发出的声音。
[3] 棠梨:又名杜梨,春初开小白花,结实小球形,有褐点斑点,可食。
[4] "荞麦"句:荞麦为草本植物,开白色花,故云。
[5] 何事:为何。
[6] 原:平野。

好事近·渔父词(其一)

朱敦儒

〔解题〕朱敦儒(1081—1159),字希真,洛阳人。早年志行高洁,晚年依附秦桧。著有词集《樵歌》,获"词俊"美誉,为"洛中八俊"之一。朱敦儒以《好事近》词牌写有六首渔父词,皆写晚年隐居的闲适生活。这首词,读来明丽爽快,上片一二句写与红尘决绝,自在逍遥。"绿蓑青笠""披霜冲雪",色彩清丽,自然相谐。"披""冲"写出渔父生活之艰辛,但一个"惯"字又将整个精神挑活。下片写闲适时节,晚来风定时,渔父垂钓,因无欲求,自然气定神闲。而新月出来,倒影水中,上下辉映,千里水天一色。于是目送飞鸿,在月色中明灭可见。词虽短小,然上片写渔父生活之现实层面,下片写其幽深的浪漫境界,用意新异而深远。

摇首出红尘[1],醒醉更无时节[2]。活计绿蓑青笠[3],惯披霜冲雪[4]。　　晚来风定钓丝闲,上下是新月。千里水天一色,看孤鸿明灭。

——《樵歌》卷中

[1] 红尘:俗世、繁华热闹之处。
[2] "醒醉"句:意谓醒醉没有定时,生活逍遥自在。时节,时候。
[3] "活计"句:谓过归隐生活。
[4] 冲:冒。

小　园（其一）

陆　游

〔解题〕《小园》凡四首，写于淳熙八年（1181），于山阴家中。此选其一，为田园之作。渔樵耕读为中国古代四业，也常用以代指隐居。从前二句所写来看，诗人似乎已适应农村生活，诗人虽未标明感情，但由烟草接至邻家，乘微雨而锄瓜，可见农耕生活似乎并不清闲。然而不清闲中有乐趣，那就是得闲便会"卧读陶诗"。陶渊明本来就是隐居生活的代表，陆游很欣赏陶诗，写"我诗慕渊明，恨不造其微"（陆游《读陶诗》），陆游因此而深知陶渊明耕读一体的精神实质，所以才会读诗未尽兴，又去冒雨锄瓜田。陆游一生为国操劳，力图北进，但人生无奈，《小园》之四中也说"少年壮气吞残虏，晚觉丘樊乐事多。骏马宝刀俱一梦，夕阳闲和《饭牛歌》"。《小园》其一，当与其四一脉贯通，耕读兼顾之义，读者当深长思之。

　　小园烟草接邻家[1]，桑柘阴阴一径斜[2]。卧读陶诗未终卷[3]，又乘微雨去锄瓜。

——《剑南诗稿校注》卷十三

［1］烟草：荒草。

［2］柘（zhè 这）：木名，桑属。阴阴：幽暗貌。

［3］陶：陶渊明。

西江月·夜行黄沙道中

辛弃疾

〔解题〕本词作于词人闲居上饶之时。黄沙,黄沙岭,在上饶西四十里。辛弃疾夜行黄沙道中,所见所感,涌入笔端,写来真切生动,如使人亲临其境,极富感染力。"明月"两句取象本是夜行常见之物:月、鹊、风、蝉。然而鹊立别枝,因明月而惊,则平中见奇。蝉鸣突显出清幽的格调。"稻花香"写嗅觉,闻稻香自然想到年景丰收,而"听取蛙声一片",原来是蛙声在报告丰年的消息啊!清风明月景象,农家田园消息,自然融为一体。此际天外月朗星稀,山前细雨点点,不觉忘情其间。直到转过溪桥才突然发现,土地庙边的旧时茅店已在跟前了。辛弃疾此词艺术上炉火纯青,不烦绳削而自合,个人感情也完全融入自然场景之中,深得无我之境的妙处。

明月别枝惊鹊,清风半夜鸣蝉。稻花香里说丰年,听取蛙声一片。　　七八个星天外,两三点雨山前。旧时茅店社林边[1],路转溪桥忽见[2]。

——《稼轩词编年笺注》

[1] 旧时:曾经,往日。茅店:茅草盖的乡村客店。社林:土地庙附近的树林。古时,村有社树,为祀神处,故曰社林。社,土地庙。

[2] 见(xiàn献):同"现",显现,出现。

关　键　词

[天人合一]

"天人合一"作为一个完整的思想命题,出自于北宋哲学家张载《正蒙·诚明》:"儒者因明致诚,因诚致明,故天人合一,致学可以成圣。"这一观念,在中国先秦时期,便已产生,只是当时并未经过系统化的提炼。

[道法自然]

"道法自然"源出《老子》:"人法地,地法天,天法道,道法自然"。"道"是诸子百家共同确认的天地万物一切存在的总体原则,也是关于这一切存在的认知和解释的终极依据。而"法"一般释义为循法,效法。"自然",则是指本来应有之面貌。所以,"道法自然"一般认为是说"道"也要效法自然,或者说"道"的运行是自然而然的,这体现了"道"的人类不可干预性,或者说客观性。总的来说,"道法自然"体现了"道"的自然规律性,"法"的自主自觉性,"自然"的本然或本体性。

[民胞物与]

宋代张载在《西铭》中首次明确提出"民吾同胞,物吾与也"。然而,其理论来源却甚早,《庄子》中的"天地与我并生,万物与我为一"便展现出了与此相近的主体精神。总的来说,"民胞物与"不仅体现了儒家"天人合一"的精神,而且在"民吾同胞"与"物吾与也"一体共存的意义上,把儒家的仁爱襟怀由伦理社会推广到整个客观世界。